교회 생활 가이드

GUIDE TO CHURCH FELLOWSHIP

새 성령 시대를 위한
NEW SPIRITUAL LIFE 시리즈 1

GUIDE TO
CHURCH FELLOWSHIP

교회 생활 가이드

초판 발행 / 2003년 9월 4일
수정 증보판 발행 / 2020년 6월 20일
지은이 / 정의호
펴낸곳 / 그열매
펴낸이 / 정의호
출판 등록 / 2003년 4월 15일
등록 번호 / 제145호
주소 / (12772) 경기도 광주시 오포읍 태재로 119
전화 / 031-711-0191
팩스 / 031-711-0149

[NEW SPIRITUAL LIFE 시리즈]

NEW SPIRITUAL LIFE 시리즈는 과거의 전통과 율법적인 시대를 지나 새로운 성령 시대를 맞이하고 있는 우리에게 성령의 조명 아래에서 성경 말씀을 공부할 수 있도록 도움을 주기 위해 만들어졌습니다. 어느 시대나 영적 부흥의 역사는 항상 하나님의 말씀이 새롭게 회복되어지는 것에서부터 시작되어 왔습니다. 이제 새로운 성령 시대를 준비하면서 새롭게 성경을 공부하시기 바랍니다.

환영의 말씀

예수 그리스도를 믿으므로 하나님의 자녀가 된 사람은 자기 인생에 가장 큰 축복을 받은 것입니다. 천하보다 더 귀한 영원한 생명을 얻었기 때문입니다. 이렇게 믿음으로 구원받은 그 자체는 매우 귀하지만, 그것으로 모든 것이 다 끝난 것은 아닙니다. 마치 새로운 생명이 이 세상에 태어난 그 자체는 매우 소중하나, 그것으로 모든 것이 다 이루어진 것이 아닌 것과 같습니다. 더 중요한 것은 장차 그 생명이 건강하고, 온전하게 자라가는 것입니다. 새 생명이 태어나도 그 이후에 잘 자라지 않거나, 병들고, 사고를 당하거나, 방탕한 자녀가 된다면 부모에게 더 큰 아픔과 근심이 되기 때문입니다.

갓난아이는 자기 스스로의 힘으로 자라갈 능력이 없습니다. 그래서 하나님은 그 자녀들이 가정이라는 울타리 안에서 부모의 사랑과 섬김을 통해 양육 받으며 자라게 하셨습니다. 그러므로 아이들은 자기 가정 안에서 부모로부터 좋은 양육과 교육 훈련을 통해 온전한 성인으로 성장해가야 합니다.

이와 같이 우리가 예수님을 믿고 새롭게 태어나는 것은 마치 영적 세계에서는 갓난아이와 같은 상태입니다. 영적으로 잘 자라나기 위해 영적인 보호와 양육이 필요합니다. 그런 양육과 훈련을 통해 예수 그리스도의 장성한 분량에 이르기까지 성장하는 것이 신앙생활의 목표입니다. 새롭게 하나님의 자녀가 된 그리스도인들에게 가정과 같은 역할을 하는 곳이 교회이며, 그 안에 세워진 일꾼들을 통해 말씀으로 양육 받으며 자라가야 합니다.

교회는 예수 그리스도를 머리로 하는 하나님의 백성들이 모인 인격적인 공동체입니다. 예수 그리스도가 머리가 되신 그 교회는 이 세상 음부의 권세가 이기지 못하는 영적 권세를 가지고 있습니다. 각 성도들이 이 교회 공동체 안에 있을 때, 이 세상의 악한 세력으로부터 보호를 받을 수 있습니다. 그러므로 교회는 성도들의 영적 생명을 보호하는 보호막이 되며, 온전한 신앙을 훈련받을 수 있는 영적 가정과 같은 공동체입니다.

이 교재는 교회생활을 시작하는 분들에게 신앙생활의 기초를 가르쳐주는 안내서입니다. 교회생활에 필요한 기본적인 지식을 알게 될 때, 불필요한 오해나 갈등이 없어집니다. 교회생활의 기초가 잘못되면 그것이 평생 자기 신앙 성장에 발목을 잡는 걸림돌이 됩니다. 그 뿐만 아니라 잘못된 신앙은 교회와 다른 사람에게 걸림돌 역할을 합니다. 이렇게 한번 잘못 형성된 신앙은 그것이 굳어진 후에는 바로 고치는 것이 매우 어렵습니다. 결국 잘못된 신앙은 많은 세월을 허비하며, 먼 길로 돌아가는 헛된 인생이 되게 합니다. 그런 신앙은 하나님의 교회와 다른 사람에게 근심이 되며, 자신의 삶에 아무 유익이 없는 불쌍한 인생이 되게 합니다.

그런 사람은 새 포도주를 얻기 위해 이전의 헌 가죽부대를 버리는 결단이 필요합니다. 새 가죽부대를 얻는 새로운 신앙을 위해서는 그만한 값 지불이 요구됩니다. 그러므로 본 교재가 예수 그리스도 안에서 새로운 삶을 시작하는 새로운 기회가 되시기를 바랍니다.

2020.6
기쁨의교회 담임목사

목 차

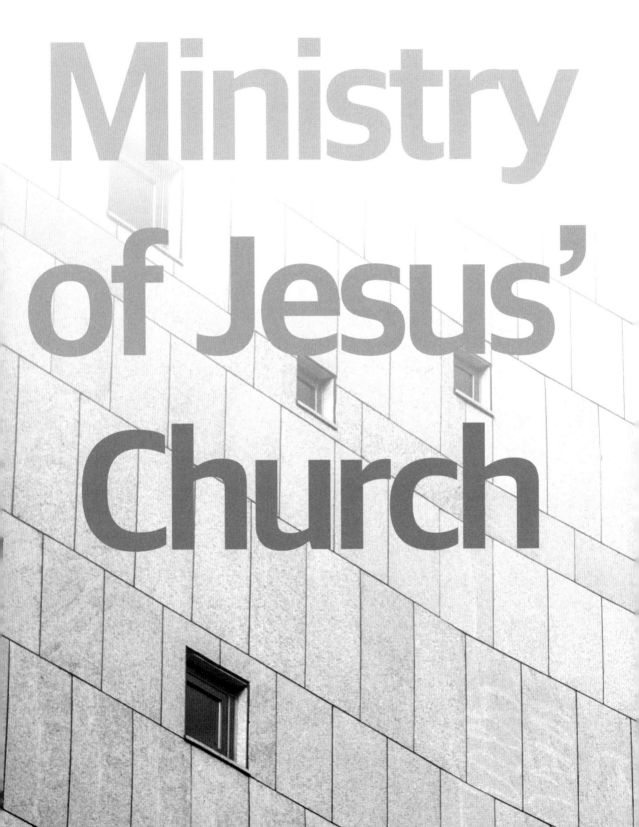

Introduction

Ministry of Jesus' Church

예수 그리스도의 교회 사역

"예수께서 모든 도시와 마을에 두루 다니사 그들의 회당에서 가르치시며 천국 복음을 전파하시며 모든 병과 모든 약한 것을 고치시니라" (마태복음 9:35)

예수 그리스도의 교회 사역

이 땅의 교회는 예수 그리스도를 머리로 하는 주님의 몸입니다. 교회는 예수님이 하시는 일을 하는 곳입니다. 그래서 교회는 예수님이 이 땅에 오셔서 사역하신 가르치시고, 전파하시고, 고치신 것들을 따라 행하는 사명을 가지고 있습니다.

1. 전도하는 사역

예수님이 이 땅에 오신 목적은 이 땅에 하나님 나라를 세우는 것입니다. 예수님은 그 일을 전도하는 것을 통해 하셨습니다.

"이르시되 우리가 다른 가까운 마을들로 가자 거기서도 전도하리니 내가 이를 위하여 왔노라 하시고 이에 온 갈릴리에 다니시며 그들의 여러 회당에서 전도하시고 또 귀신들을 내쫓으시더라" (마가복음 1:38,39)

예수님은 이 세상에 오셔서 많은 사람들에게 하나님 나라의 복음을 선포하시며 영혼을 구원하는 일을 하셨습니다. 그러므로 교회는 사람에게 하나님 나라의 복음을 전파하여 예수님을 믿고 구원받게 하는 사역을 해야 합니다. 이를 위해 교회와 그리스도인들은 전도하는 삶을 살도록 훈련받아야 합니다.

전도의 목표는 한 사람이 예수님을 믿어 구원받은 후, 그들이 잘 훈련되어 또 다른 사람을 인도하는 예수님의 제자로 세우는 것입니다.

"또 네가 많은 증인 앞에서 내게 들은 바를 충성된 사람들에게 부탁하라 그들이 또 다른 사람들을 가르칠 수 있으리라" (디모데후서 2:2)

교회의 궁극적인 사명은 예수님의 명령에 따라 땅 끝까지 이르러 주님의 복음을 전하는 것입니다. 내 가족과 내 민족뿐만 아니라, 온 세계 모든 족속에게 복음을 전하는 사명이 모든 그리스도인들에게 있습니다.

2. 가르치는 사역

예수님이 하신 또 다른 사역은 하나님 나라의 말씀을 가르치는 것입니다. 예수님은 하나님 나라의 말씀을 가르침으로 장차 하나님 나라의 일꾼으로 세울 제자들을 훈련시키셨습니다. 그리고 그 제자들에게 예수님이 하신 것같이 또 다른 사람을 가르쳐 제자를 세우게 하셨습니다.

"그러므로 너희는 가서 모든 민족을 제자로 삼아 아버지와 아들과 성령의 이름으로 세례를 베풀고 내가 너희에게 분부한 모든 것을 가르쳐 지키게 하라 볼지어다 내가 세상 끝날까지 너희와 항상 함께 있으리라 하시니라" (마태복음 28:19, 20)

처음 예수님을 영접하고 하나님의 자녀가 된 사람은 계속해서 그 믿음이 자라가야 합니다. 그것은 마치 어린아이가 태어난 후에 젖을 먹고 자라나야 하는 것과 같습니다. 아직 믿음이 어린 사람은 양육을 받으며, 믿음이 성숙하게 자라나야 하나님 앞에서 자립적인 신앙생활을 할 수 있습니다. 마치 어린아이가 자라서 어른이 된 후에야 성인의 역할을 감당할 수 있는 것과 같습니다.

우리의 육신이 음식을 먹어야 자라듯이, 우리의 영혼도 영의 양식을 먹어야 믿음이 자랍니다. 우리 영혼의 양식은 바로 하나님의 말씀입니다. 하나님의 말씀을 잘 배우고, 순종하는 것을 통해 믿음이 강건하게 자랍니다(로마서 10:17).

"갓난아기들같이 순전하고 신령한 젖을 사모하라 이는 그로 말미암아 너희로 구원에 이르도록 자라게 하려 함이라" (베드로전서 2:2)

3. 치료하는 사역

예수님은 말씀을 전하고 가르치셨을 뿐만 아니라, 실제적인 치유 사역으로 그 말씀의 능력을 나타내셨습니다. 예수님은 성령의 기름부으심으로 많은 병을 고치시고, 귀신들린 자에게서 더러운 귀신을 쫓아내심으로 말씀의 권세를 나타내셨습니다. 그리고 예수님은 자기를 믿는 사람이라면 누구든지 예수님이 하신 것과 같이 할 수 있다고 약속하셨습니다 (요한복음 14:12). 그러므로 교회는 이 예수님이 하신 실제적인 치유 사역을 행하는 사명을 가지고 있습니다.

"믿는 자들에게는 이런 표적이 따르리니 곧 그들이 내 이름으로 귀신을 쫓아내며 새 방언을 말하며 뱀을 집어올리며 무슨 독을 마실지라도 해를 받지 아니하며 병든 사람에게 손을 얹은즉 나으리라 하시더라" (마가복음 16:17,18)

하나님의 나라는 이론적인 말에 있지 않고, 그 말씀에 합당한 실제적인 성령의 능력을 통해 나타납니다(고린도전서 4:20). 그래서 예수님을 머리로 모시고, 성령님이 살아 역사하시는 교회 안에서는 지금도 하나님께서 여러 가지 성령의 능력과 표적을 행하고 계십니다.

하나님의 교회는 세상의 악한 음부의 권세가 이기지 못하는 강력한 권세를 가지고 있습니다. 교회는 이러한 예수님의 말씀에 따라 영육 간에 고통당하는 모든 사람의 상처와 질병들을 치료하는 사역을 해야 합니다.

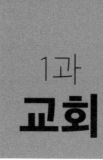

1과
교회

Ⅰ. 교회의 의미

1. 교회는 어떤 곳입니까?

교회는 _____ 입니다.

"고린도에 있는 하나님의 교회 곧 그리스도 예수 안에서 거룩하여지고 성도라 부르심을 받은 자들과 또 각처에서 우리의 주 곧 그들과 우리의 주 되신 예수 그리스도의 이름을 부르는 모든 자들에게" (고린도전서 1:2)

교회는 예수를 믿고 성령을 받은 성도들이 모인 영적 공동체입니다. 교회는 예수 그리스도를 머리로 하는 그의 몸이며, 그 몸은 각 성도들로 그 지체를 이루고 있습니다(에베소서 1:22,23; 고린도전서 12:27). 그러므로 교회는 머리 되신 예수 그리스도의 말씀에 의해서만 순종되어지는 예수 그리스도의 몸입니다. 각 지체인 성도들은 포도나무 가지가 그 나무에 붙어 있듯이 예수 그리스도의 몸 된 교회 안에 붙어 있을 때, 주님으로부터 영적 양식을 공급받아 자라나며, 열매를 맺을 수 있습니다(요한복음 15:4-6).

성도가 영적 보호막인 교회라는 울타리를 떠나게 되면, 신앙이 자라나지 않을 뿐만 아니라, 악한 사단의 공격으로 영적 생명을 잃게 됩니다(베드로전서 5:8). 그러므로 교회 안에 속하여, 다른 성도와 관계성 가운데서 하는 신앙이 건강한 믿음입니다.

II. 교회에서 하는 일

1. 하나님께 예배드립니다

● 하나님은 어떤 사람을 찾으십니까?

하나님은 _____ 를 찾으십니다.

"아버지께 참되게 예배하는 자들은 영과 진리로 예배할 때가 오나니 곧 이 때라 아버지께서는 자기에게 이렇게 예배하는 자들을 찾으시느니라 하나님은 영이시니 예배하는 자가 영과 진리로 예배할지니라" (요한복음 4:23, 24)

교회생활에 가장 중요한 것은 하나님께 예배드리는 것입니다. 하나님은 하나님의 자녀 된 성도들이 하나님을 경외함으로 예배드리는 것을 기뻐하십니다. 하나님은 그 예배를 통해 영광받기 원하시기 때문입니다.

하나님은 예배를 통해 예배드리는 자를 만나주시며, 그에게 필요한 말씀을 주시며, 우리에게 가장 좋은 새 일을 행하십니다. 예배 중에 임하시는 그 하나님을 만날 때, 우리 인생이 새롭게 변화됩니다. 성경에 많은 사람들은 이 하나님을 인격적으로 만나 그 인생이 바뀌었습니다. 그러므로 예배를 통해 그 하나님이 우리를 만나주실 것을 기대하는 믿음으로 준비된 예배를 드려야 합니다.

2. 하나님의 말씀을 가르칩니다

● 사람이 어떻게 구원받을 수 있습니까?

사람은 예수 그리스도의 _____ 으로 구원받을 수 있습니다.

"진실로 진실로 너희에게 이르노니 죽은 자들이 하나님의 아들의 음성을 들을 때가 오나니 곧 이 때라 듣는 자는 살아나리라" (요한복음 5:25)

교회는 살아 계신 하나님의 말씀을 가르치고, 전하는 곳입니다. 영적으로 죽은 사람은 그 예수님의 말씀을 듣고, 믿음으로 구원받습니다(로마서 10:17).

예수님을 믿는 믿음 외에 이 세상의 다른 어떤 것으로도 우리 영혼을 구원할 수 없습니다(사도행전 4:12). 그러므로 교회는 다른 사람에게 하나님의 말씀을 전하고, 가르치는 일을 해야 합니다.

● 그리스도인의 신앙이 어떻게 자랍니까?

그리스도인은 _____ 을 통해 그 신앙이 성장합니다.

"갓난아기들같이 순전하고 신령한 젖을 사모하라 이는 그로 말미암아 너희로 구원에 이르도록 자라게 하려 함이라" (베드로전서 2:2)

예수님을 믿음으로 구원받고 새로 태어난 사람은 영적으로 어린아이와 같은 상태입니다. 어린아이가 성장하기 위해 일정하게 음식을 먹어야 하듯이, 영적 성장을 위해서도 영의 양식을 먹어야 신앙이 자라납니다.

우리 영혼의 양식은 하나님의 말씀입니다. 갓난아이가 태어난 후 계속 성장하기 위해 젖을 먹어야 하듯이, 거듭난 성도도 계속해서 자라나기 위해서는 하나님의 말씀을 먹어야 합니다.

● 하나님의 말씀의 능력이 어떻게 나타납니까?

하나님의 말씀은 우리의 _____ 을 치유합니다.

"하나님의 말씀은 살아 있고 활력이 있어 좌우에 날선 어떤 검보다도 예리하여 혼과 영과 및 관절과 골수를 찔러 쪼개기까지 하며 또 마음의 생각과 뜻을 판단하나니" (히브리서 4:12)

하나님의 말씀은 살아 있어, 역사하는 능력이 있습니다. 그러므로 하나님의 말씀을 믿음으로 받을 때, 우리의 모든 육체뿐만 아니라, 영혼의 문제가 치유되는 능력이 나타납니다.

3. 하나님께 기도합니다

● 하나님의 교회는 어떤 곳입니까?

하나님의 교회는 _____ 하는 곳입니다.

"그들에게 이르시되 기록된 바 내 집은 기도하는 집이라 일컬음을 받으리라 하였거늘 너희는 강도의 소굴을 만드는도다 하시니라" (마태복음 21:13)

기도는 하나님과의 영적인 교제이며, 우리 영혼의 호흡과 같습니다. 기도는 하나님의 말씀을 실제의 삶 속에서 순종하여 행할 수 있게 하는 능력을 줍니다.

성경 지식을 많이 알고 있어도 실제 삶에 능력이 되지 않는 것은 기도가 부족하기 때문입니다. 기도가 없으면 신앙이 지식적이 되어 그 실제 삶이 무기력하게 됩니다. 기도하는 신앙은 성령의 능력을 덧입어 모든 어려움을 이기며 승리하는 삶을 살 수 있습니다. 그래서 기도하는 사람만이 이 세상 죄의 세력을 이기는 삶을 살 수 있습니다.

4. 성도 간에 교제합니다

● 교회 안에서 성도들 간에 힘써야 할 일이 무엇입니까?

성도들의 풍성한 신앙생활은 성도들 간의 _____ 를 통해서 이루어집니다.

"그들이 사도의 가르침을 받아 서로 교제하고 떡을 떼며 오로지 기도하기를 힘쓰니라"
(사도행전 2:42)

건강한 가정은 가족들 간에 친밀한 사랑의 교제가 잘 이루어집니다. 그런 친밀한 교제를 통해 서로의 형편을 이해하며, 가족 간에 사랑과 신뢰가 더 깊어지는 관계가 됩니다.

이와 같이 교회 안에 있는 성도들은 예수 그리스도의 영적인 한 가족입니다. 교회 성도들끼리 깊은 인격적인 교제가 잘 이루어지는 신앙이 건강한 믿음입니다. 이러한 영적인 교제를 통해 성도 개개인의 신앙생활이 더 온전해지며 풍성해집니다.

그러므로 성도가 교회 안의 교제권에서 벗어나는 것은 영적인 보호막을 벗어버리는 것과 같습니다. 성도의 공동체 원리는 장작불이 서로 같이 모여 있을 때에 잘 타오르는 것과 같습니다. 아무리 작은 장작개비라도 그것이 서로 한 곳에 모여 있으면 다 같이 뜨겁게 잘 타오릅니다. 하지만 아무리 잘 타는 장작개비라 할지라도 그것을 그 모은 장작더미로부터 따로 떼어놓으면 얼마 못 가서 꺼져버립니다. 그러나 때로 잘 타지 않는 장작이 있다 하더라도 잘 타고 있는 장작더미 안에 있기만 하면 함께 더불어 잘 타게 됩니다.

이와 같이 개인 신앙이 비록 연약하더라도 믿음이 좋은 사람과 함께 모여 있으면 다른 사람의 믿음을 통해 자신도 좋은 신앙을 유지할 수 있습니다. 그러나 아무리 내 신앙이 뜨겁고 좋을지라도 교회의 교제권에서 벗어나게 되면 그 신앙은 금방 사단의 공격을 받아 소멸됩니다.

그러므로 교회 안에 믿음이 좋은 성도들과 함께 신앙적인 교제를 나누는 것은 나의 신앙을 보호받는 것입니다. 나 홀로 하는 고립된 신앙보다 다른 사람과 더불어 하는 열려진 신앙이 훨씬 능력이 있기 때문입니다.

5. 하나님을 위해 봉사(섬김)의 일을 합니다

● 성도들이 교회를 위해 해야 할 것이 무엇입니까?

성도는 하나님의 교회를 위해서 _____ 의 일을 합니다.

"각각 은사를 받은 대로 하나님의 여러 가지 은혜를 맡은 선한 청지기같이 서로 봉사하라"
(베드로전서 4:10)

교회는 하나님의 일을 위해 자원하여 봉사하는 곳입니다. 하나님께서 각 사람에게 좋은 재능(은사)을 주신 것은 그것으로 하나님의 일을 섬기기 위함입니다. 그러므로 하나님께서 자신에게 주신 모든 은사로 하나님의 교회를 섬기는 것을 통해 자신의 신앙에 열매를 맺어야 합니다. 하나님은 각 사람이 남긴 열매대로 그에 합당한 상을 주십니다(마태복음 25:21).

그러므로 주님의 일을 섬길 때 사람으로부터의 어떤 대가나 인정을 바라지 않고, 오직 하나님이 주시는 상만을 바라보아야 합니다. 사람으로부터 그 대가를 받아버리는 사람은 하나님으로부터 받을 상급이 없기 때문입니다(마태복음 6:1).

하나님 나라에서는 주는 자가 받는 자보다 복이 있으며, 섬기는 자가 섬김을 받는 자보다 큰 자가 됩니다. 하나님 나라의 상의 기준은 주는 자가 받는 자보다 복이 있다는 것이며, 섬기는 자가 섬김을 받는 자보다 큰자가 된다는 것입니다. 가장 성숙한 신앙은 하나님의 교회와 다른 성도들을 위해 낮은 자세로 겸손히 섬기는 사람입니다.

6. 하나님께 찬양드립니다

● 성도들이 하나님께 감사로 드려야 할 것이 무엇입니까?

성도들은 하나님께 _____ 으로 영광을 올려 드려야 합니다.

"이 백성은 내가 나를 위하여 지었나니 나를 찬송하게 하려 함이니라" (이사야 43:21)

찬양은 우리를 창조하신 하나님께 올려드리는 영적인 제사입니다. 찬양은 하나님의 구원의 은혜와 사랑에 감사하는 마음으로 하나님께 영광을 돌리는 것입니다. 하나님의 은혜를 항상 감사하는 마음이 찬양의 동기입니다.

7. 전도합니다

● 교회가 믿지 않는 세상을 향해 해야 할 일이 무엇입니까?

교회는 _____ 로 영혼을 구원하는 일을 합니다.

"너는 말씀을 전파하라 때를 얻든지 못 얻든지 항상 힘쓰라 범사에 오래 참음과 가르침으로 경책하며 경계하며 권하라" (디모데후서 4:2)

교회의 궁극적인 사명은 전도를 통해 죽은 영혼을 구원하는 것입니다. 믿지 않는 사람은 죄로 인해 장차 하나님의 영원한 심판이 있습니다. 그런 가까운 가족과 친지, 이웃과 열방의 영혼들을 구원하고자 하는 영혼에 대한 사랑이 전도의 동기입니다.

"사람이 만일 온 천하를 얻고도 자기 목숨을 잃으면 무엇이 유익하리요" (마가복음 8:36)

III. 교회생활의 중요성

1. 영적인 보호를 받음

● 교회의 영적 권세가 무엇입니까?

교회는 _____ 의 권세가 이길 수 없는 곳입니다.

"또 내가 네게 이르노니 너는 베드로라 내가 이 반석 위에 내 교회를 세우리니 음부의 권세가 이기지 못하리라" (마태복음 16:18)

교회는 이 세상에서 사단의 권세가 이기지 못하는 유일한 곳입니다. 교회의 머리 되신 예수님께서 십자가의 보혈로 사단의 권세를 파하셨기 때문입니다. 그러므로 성도는 교회를 통해 교회의 머리 되신 예수 그리스도의 영적인 보호를 받을 수 있습니다.

사단은 여러 가지 유혹으로 믿는 성도들이 교회의 영적 울타리를 벗어나도록 시험합니다. 사단은 영적인 보호막인 교회를 떠난 사람을 쉽게 공격할 수 있기 때문입니다. 개인 신앙이 아무리 강하다 해도 교회의 영적 권위를 벗어난 사람은 마귀의 표적이 됩니다. 그러나 연약한 사람이라도 교회의 영적 권위 안에 있을 때 보호를 받을 수 있습니다. 교회 공동체 중심으로 하는 신앙이 영적으로 건강합니다.

2. 성도의 신앙을 온전하게 함

● 교회의 성도는 서로 어떤 관계입니까?

교회 안에서 성도들은 서로 몸의 _____ 관계입니다.

"너희는 그리스도의 몸이요 지체의 각 부분이라" (고린도전서 12:27)

아무도 완전한 사람이 없고, 스스로 온전한 신앙생활을 할 수 있는 사람도 없습니다. 하나님은 성도를 교회 공동체의 각 지체로 부르셨습니다. 우리 몸은 어느 한 지체만으로 온전할 수 없으며, 반드시 다른 지체와 함께 연합될 때 온전한 몸을 이룰 수 있습니다. 그리고 그 지체들은 몸에 붙어 있을 때에만 온전한 역할을 할 수 있습니다.

이와 같이 교회는 어느 한 개인으로 온전할 수 없습니다. 각 성도가 교회 공동체 중심으로 연합될 때 그 신앙이 온전해집니다. 다른 성도들과 인격적인 관계성으로 동역하는 것을 통해 온전한 신앙으로 자라기 때문입니다. 그래서 다른 성도들과 함께 좋은 동역을 하는 것이 영적으로 건강한 신앙입니다.

3. 세상의 빛이 됨

● 교회와 세상은 어떤 관계에 있습니까?

교회는 이 세상의 모든 어둠의 실체를 드러내는 _____ 의 역할을 합니다.

"너희는 세상의 빛이라 산 위에 있는 동네가 숨겨지지 못할 것이요" (마태복음 5:14)

교회는 어두운 세상에 하나님의 영광을 나타내는 빛입니다. 갈수록 이 세상은 더 악해지고, 어두워집니다. 하나님의 진리를 모르는 이 세상에 빛이신 진리를 선포할 수 있는 것은 오직 교회밖에 없습니다. 성도들은 이런 세상에 하나님의 진리의 빛을 비추는 역할을 해야 합니다.

"이같이 너희 빛이 사람 앞에 비치게 하여 그들로 너희 착한 행실을 보고 하늘에 계신 너희 아버지께 영광을 돌리게 하라" (마태복음 5:16)

Ⅳ. 정 리

1. 교회에서 하는 일이 무엇입니까?

2. 교회 중심의 신앙의 중요성에 대해 말해보세요.

Worship

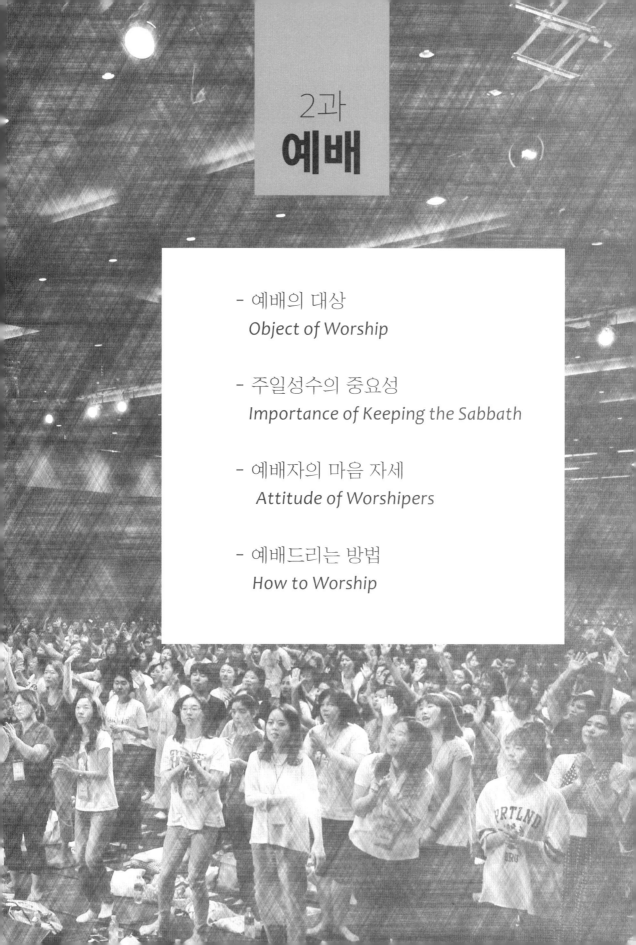

2과
예배

Ⅰ. 예배의 대상

1. 예배의 대상은 누구입니까?

사람은 오직 _____ 만 섬겨야 합니다.

"너는 나 외에는 다른 신들을 네게 두지 말라" (출애굽기 20:3)

예배란 하나님 앞에 자신을 낮추어, 하나님을 높이며, 경배 드리는 것입니다. 우리가 경배 드릴 대상은 오직 하나님 한 분밖에 없습니다. 하나님께서 이 세상 모든 만물을 창조하신 목적은 그것을 통해 하나님이 영광 받으시는 것입니다.

하나님은 하나님께 돌려야 할 그 영광을 다른 피조물에게 돌리는 것을 허락하시지 않습니다. 그래서 하나님 외에 그 어떤 다른 신에게 절하는 우상숭배를 금하십니다.

Ⅱ. 주일 성수의 중요성

1. 주일을 지키는 기준이 어떠합니까?

주일에는 _____ 을 하지 말아야 합니다.

"안식일을 기억하여 거룩하게 지키라 엿새 동안은 힘써 네 모든 일을 행할 것이나 일곱째 날은 네 하나님 여호와의 안식일인즉 너나 네 아들이나 네 딸이나 네 남종이나 네 여종이나 네 가축이나 네 문안에 머무는 객이라도 아무 일도 하지 말라" (출애굽기 20:8-10)

주일은 구약의 안식일과 같은 의미를 가집니다. 안식일은 하나님이 이 세상을 창조하신 날을 기념하여 하나님이 복 주시고, 다른 날과 구별하여 거룩하게 하신 날입니다. 그러므로 이 날은 세상적인 다른 날과 구별하여 지켜야 합니다. 이 날에는 세상의 생업에 관계된 모든 일을 쉬고 하나님을 섬기는 일에만 드려야 합니다.

2. 주일을 범하는 자에게 어떤 심판이 있습니까?

하나님은 안식일을 범하는 자를 _____ 합니다.

"너희는 안식일을 지킬지니 이는 너희에게 거룩한 날이 됨이니라 그 날을 더럽히는 자는 모두 죽일지며 그 날에 일하는 자는 모두 그 백성 중에서 그 생명이 끊어지리라" (출애굽기 31:14)

안식일을 어기는 것은 하나님의 거룩한 날을 범하는 죄입니다. 하나님은 그런 사람의 생명을 끊는 엄격한 심판을 하십니다. 오늘날도 주일에 대한 하나님의 마음은 동일합니다. 그러므로 주일을 범하게 될 때 우리의 영적인 생명력을 잃게 되는 고통이 따릅니다.

3. 주일은 어떤 날입니까?

안식일은 하나님께서 사람들에게 _____ 을 주시는 날입니다.

"하나님이 그 일곱째 날을 복되게 하사 거룩하게 하셨으니 이는 하나님이 그 창조하시며 만드시던 모든 일을 마치시고 그 날에 안식하셨음이니라" (창세기 2:3)

주일은 하나님께서 복을 주시는 날입니다. 하나님의 말씀에 순종하여 주일을 경건하게 보낼 때 복을 받습니다. 주일에 하나님 앞에 해야 하는 가장 중요한 것은 예배입니다. 그러나 예배만 드리는 것으로 주일을 온전하게 지키는 것은 아닙니다. 그 날 전체가 하나님의 날이므로 하나님이 기뻐하시는 것으로 보내야 하며, 세상적인 유익을 구하는 오락이나 세속적인 일에 관여하지 않아야 합니다.

주일에 힘써야 할 일은 예배드리는 일, 성경읽기, 성경공부, 전도, 심방, 기도, 찬양, 영적인 교제, 구제 등입니다. 하나님이 기뻐하시는 일로 하나님 앞에 주일을 잘 지키는 사람에게는 하나님이 그 인생을 존귀하게 높여주십니다.

Ⅲ. 예배자의 자세

예배에는 하나님의 임재가 가장 중요합니다. 그런 예배를 통해 하나님을 인격적으로 만날 수 있기 때문입니다. 하나님은 예배에 말씀을 통해 우리에게 임하시고, 만나주십니다. 예배를 통해 그 하나님을 만나고자 하는 마음으로 나가야 합니다.

1. 하나님에 대한 믿음

● 하나님께 나가는 예배자의 자세가 어떠해야 합니까?

예배에 나가는 자는 하나님에 대한 _____ 을 가져야 합니다.

"믿음이 없이는 하나님을 기쁘시게 하지 못하나니 하나님께 나아가는 자는 반드시 그가 계신 것과 또한 그가 자기를 찾는 자들에게 상 주시는 이심을 믿어야 할지나라" (히브리서 11:6)

하나님께 예배드리는 자는 먼저 하나님이 살아 계심을 믿어야 합니다. 하나님이 그 예배를 받으시는 것과 예배드리는 자를 만나주시며, 상 주실 것에 대한 믿음이 있어야 합니다.

2. 겸손한 마음

● 하나님은 어떤 사람에게 말씀을 깨닫게 하십니까?

하나님은 자신을 _____ 사람에게 자신을 알려주십니다.

"그 때에 예수께서 대답하여 이르시되 천지의 주재이신 아버지여 이것을 지혜롭고 슬기 있는 자들에게는 숨기시고 어린 아이들에게는 나타내심을 감사하나이다" (마태복음 11:25)

하나님의 말씀은 사람의 말이 아니고, 성령으로 하시는 영적인 말씀입니다. 하나님은 스스로 교만한 자에게는 그 말씀을 숨기시고, 겸손한 자에게 그 말씀을 깨닫게 해주십니다. 하나님의 말씀을 듣고자 하는 자는 하나님 앞에 자신을 낮추는 겸손한 마음 자세를 가져야 합니다.

● 하나님은 어떤 사람에게 은혜를 주십니까?

하나님은 _____ 사람에게 은혜를 주십니다.

"그러나 더욱 큰 은혜를 주시나니 그러므로 일렀으되 하나님이 교만한 자를 물리치시고 겸손한 자에게 은혜를 주신다 하였느니라" (야고보서 4:6)

하나님은 겸손한 자에게 풍성한 은혜를 주십니다. 하나님은 교만한 사람은 물리치시고 겸손한 자를 가까이하시기 때문입니다. 겸손한 사람은 자신이 부족한 죄인임을 인정합니다. 그래서 상하고 가난한 마음으로 오직 하나님의 은혜만을 사모함으로 하나님께 나옵니다. 하나님은 그 깨어지고 상한 마음을 받으시고 은혜를 베푸십니다.

교만한 사람은 자신이 된 줄로 여기며, 그 마음이 부하여 사모함이 없습니다. 하나님은 교만하여 하나님 말씀을 판단하여 배척하는 그런 사람은 물리치십니다. 하나님을 예배하는 자는 하나님 앞에 겸손한 마음이 준비되어야 합니다.

3. 열린 마음

● 예배자는 예배에 어떤 마음을 가지고 나와야 합니까?

예배자는 하나님 앞에 _____ **마음을 가져야 합니다.**

"나는 너를 애굽 땅에서 인도하여 낸 여호와 네 하나님이니 네 입을 크게 열라 내가 채우리라 하였으나" (시편 81:10)

예배자는 예배를 통해 하나님께서 자신에게 하실 일들을 믿음으로 바라보는 열린 마음을 가져야 합니다. 하나님은 하나님이 하실 것을 기대하는 그 믿음을 통해 일하십니다. 그러므로 예배자는 하나님이 우리를 사랑하시는 것과 우리에 대한 놀라운 계획을 가지고 계신다는 약속을 믿음으로 나가야 합니다.

● 예배자는 하나님이 하시는 일에 어떻게 응답해야 합니까?

예배자는 하나님의 말씀에 대해 _____ **으로 하나님께 영광을 돌립니다.**

"하나님의 약속은 얼마든지 그리스도 안에서 예가 되니 그런즉 그로 말미암아 우리가 아멘 하여 하나님께 영광을 돌리게 되느니라" (고린도후서 1:20)

예배자는 예배 가운데 하나님이 하시는 모든 일에 대해 "아멘"으로 화답하며 믿음으로 받아야 합니다. 하나님은 그 말씀을 믿는 사람을 통해서 일하시기 때문입니다. 하나님께서 교회를 통해 하시는 말씀에 대해 "아멘"으로 응답하는 것은 곧 하나님 앞에 자신의 믿음을 선포하는 것입니다.

4. 사모하는 마음

● 하나님은 어떤 사람의 마음에 응답하십니까?

하나님은 예배자에게 ＿＿＿＿＿＿ 마음을 원하십니다.

"그가 사모하는 영혼에게 만족을 주시며 주린 영혼에게 좋은 것으로 채워주심이로다" (시편 107:9)

하나님은 예배에 대한 간절히 기대하는 마음을 가지고 나오기 원하십니다. 하나님은 오직 하나님만을 절실하게 필요로 하는 주린 마음을 채워주십니다. 하나님은 마음의 소원 없이 형식적으로만 드리는 종교 행위를 싫어하시고, 마음 중심에 사모하는 심령을 보시고 채워주십니다(이사야 1:12).

● 하나님을 만나기 위해 어떤 자세로 예배를 드려야 합니까?

하나님은 자기를 간절히 ＿＿＿＿＿＿ 를 만나주십니다.

"나를 사랑하는 자들이 나의 사랑을 입으며 나를 간절히 찾는 자가 나를 만날 것이니라" (잠언 8:17)

예배의 핵심은 하나님의 임재입니다. 하나님은 하나님을 간절히 찾는 자를 만나주십니다. 하나님의 임재가 없는 예배는 아버지 집에 가서 아버지를 만나지 않고, 다른 일만 하다가 돌아오는 것과 같습니다. 예배의 중심은 하나님을 만나는 것입니다. 하나님 외에 다른 것에 관심을 갖는 사람은 하나님을 만나지 못합니다.

우리는 예배 중에 말씀, 찬양, 기도, 교제 등 모든 것을 통해 하나님을 만나기를 힘써야 합니다.

5. 회개하는 마음

● 하나님은 어떤 마음으로 예배를 드리기 원하십니까?

하나님은 예배자의 _____ 마음을 원하십니다.

"하나님께서 구하시는 제사는 상한 심령이라 하나님이여 상하고 통회하는 마음을 주께서 멸시하지 아니하시리이다" (시편 51:17)

우리의 죄가 하나님의 은혜를 막습니다. 예배자는 하나님 앞에 나올 때 자기 죄에 대한 상하고 통회하는 마음을 가져야 합니다. 하나님은 그런 가난한 심령을 만나주십니다.

● 하나님 앞에 나가는 자가 먼저 해야 할 것이 무엇입니까?

예배자가 하나님 앞에 먼저 해야 할 일은 자기 죄를 _____ 하는 것입니다.

"내가 이르기를 내 허물을 여호와께 자복하리라 하고 주께 내 죄를 아뢰고 내 죄악을 숨기지 아니하였더니 곧 주께서 내 죄악을 사하셨나이다" (시편 32:5)

하나님 앞에 예배드리는 자는 먼저 자기 죄를 회개하는 심정으로 나가야 합니다. 하나님의 마음을 근심케 했던 모든 죄를 고백하고, 그 죄에 대해 돌이키는 마음을 가지고 나갈 때 하나님의 죄사함의 은혜를 받습니다.

6. 하나님이 하시는 말씀으로 들음

● 하나님의 말씀을 듣는 자세가 어떠해야 합니까?

예배자는 설교자의 말씀을 들을 때 _____ **으로 들어야 합니다.**

"이러므로 우리가 하나님께 끊임없이 감사함은 너희가 우리에게 들은 바 하나님의 말씀을 받을 때에 사람의 말로 받지 아니하고 하나님의 말씀으로 받음이니 진실로 그러하도다 이 말씀이 또한 너희 믿는 자 가운데에서 역사하느니라" (데살로니가전서 2:13)

하나님은 하나님의 사람을 통해 말씀을 전해주십니다. 그러므로 그 세워진 사람을 통해서 하시는 말씀을 사람의 말로 듣지 않고, 하나님의 말씀으로 들어야 합니다. 하나님의 말씀을 인간적인 교훈이나, 혼적인 지식으로 들으면 그 말씀이 역사하지 않습니다.

성령께서 교회를 통해 그 때, 그 장소, 그 상황에서 각 사람에게 선포하시는 말씀을 자기 자신에게 하시는 하나님의 말씀으로 들어야 합니다.

7. 순종의 자세

● 예배자가 가장 중요시해야 할 것이 무엇입니까?

하나님이 예배자에게 원하시는 것은 _____ 입니다.

"사무엘이 이르되 여호와께서 번제와 다른 제사를 그의 목소리를 청종하는 것을 좋아하심 같이 좋아하시겠나이까 순종이 제사보다 낫고 듣는 것이 숫양의 기름보다 나으니" (사무엘상 15:22)

하나님의 마음에 합한 최고의 예배는 하나님께 순종하는 그 자체입니다. 하나님은 외적으로 잘 갖추어진 화려한 예배 형식보다, 하나님의 말씀에 순종하는 그 마음을 받기 원하십니다. 그러므로 사람을 위하여, 사람에게 보이기 위한 예배가 아니라 오직 하나님께 순종하고자 하는 마음으로 예배를 드려야 합니다.

● 예배 때 주시는 말씀을 어떻게 확증 받을 수 있습니까?

예배 때 선포되는 말씀은 _____ 을 통해서 깨달아집니다.

"사람이 하나님의 뜻을 행하려 하면 이 교훈이 하나님께로부터 왔는지 내가 스스로 말함인지 알리라" (요한복음 7:17)

예배 때 주시는 하나님의 말씀을 순종하고자 하는 사람만 그 뜻을 깨달 수 있습니다. 하나님은 그 말씀을 순종하고자 하는 사람에게 그 뜻을 알려주시기 때문입니다.

Ⅳ. 예배드리는 방법

1. 영과 진리로 드림

● 하나님은 어떤 예배자를 찾으십니까?

하나님은 _____ 예배자를 찾으십니다.

"아버지께 참되게 예배하는 자들은 영과 진리로 예배할 때가 오나니 곧 이 때라 아버지께서는 자기에게 이렇게 예배하는 자들을 찾으시느니라 하나님은 영이시니 예배하는 자가 영과 진리로 예배할지니라" (요한복음 4:23, 24)

　하나님은 보이지 않는 영이시기에 내 영이 하나님 앞에 온 마음과 힘과 뜻을 다해 예배 드려야 합니다. 하나님은 예배드리는 자의 마음 중심을 보십니다. 영이신 하나님은 받으시기에 합당한 예배자를 찾으시기 때문에, 우리의 영이 성령 안에서 거룩하고 진실된 마음으로 예배를 드려야 합니다.

2. 예물을 준비하여 드림

● 예배에 나가는 자는 무엇을 준비해야 합니까?

예배자는 하나님께 _____ 을 드립니다.

"너의 가운데 모든 남자는 일 년에 세 번 곧 무교절과 칠칠절과 초막절에 네 하나님 여호와께서 택하신 곳에서 여호와를 뵈옵되 빈손으로 여호와를 뵈옵지 말고 각 사람이 네 하나님 여호와께서 주신 복을 따라 그 힘대로 드릴지니라" (신명기 16:16,17)

예배자는 하나님께 나갈 때 예물을 가지고 나가야 합니다. 물질이 있는 곳에 우리의 마음이 있으므로, 예물은 하나님 앞에 우리의 마음을 드리는 표시입니다.

예물을 드릴 때 단지 물질을 드리는 것만 아니라, 그 중심에 하나님을 사랑하고 감사하는 마음을 드려야 합니다. 그러므로 예물은 미리 마음으로 준비해서 드리는 것이 좋습니다. 하나님께 드린 모든 예물은 하나님 나라에 상급으로 쌓입니다.

"오직 너희를 위하여 보물을 하늘에 쌓아 두라 거기는 좀이나 동록이 해하지 못하며 도둑이 구멍을 뚫지도 못하고 도둑질도 못하느니라" (마태복음 6:20)

3. 마음 중심을 드림

● 예배자가 예배 시간에 어떻게 중심을 드려야 합니까?

하나님께 드리는 예배를 위해 자신의 귀중한 _____ 을 드립니다.

"세월을 아끼라 때가 악하니라" (에베소서 5:16)

예배자는 하나님이 주신 시간을 하나님을 경배하는 데 드려야 합니다. 하나님께 드려야 할 예배 시간을 자신의 일이나 세상 것에 빼앗기지 않아야 합니다. 그것은 하나님께 드려야 할 시간을 도적질하는 것입니다.

예배에 빠지거나, 지각하는 것은 하나님께 드려야 할 시간을 세상에 빼앗기는 것입니다. 하나님 앞에 마음을 드리며, 예배 시작 10~20분 전에 미리 나와 기도로 준비하는 자세를 가집니다. 예배에 지각하는 것은 하나님에 대한 사모하는 마음이 없기 때문입니다. 예배는 찬양 시간부터 시작되므로, 먼저 하나님께 찬양으로 영광 돌리는 자세로 나갑니다.

또한 예배를 온전히 드리기 위해 예배 중에 자리를 이동하거나, 예배를 방해하는 다른 것에 마음을 빼앗기지 않도록 합니다. 하나님의 예배 시간을 휴대폰, 집안일, 아이들, 세상 사람들로 방해받지 않도록 합니다.

● 예배자가 예배 전에 어떤 마음 상태를 준비해야 합니까?

예배자는 온 마음을 다해 하나님을 _____ 마음을 가지고 나와야 합니다.

"예수께서 이르시되 네 마음을 다하고 목숨을 다하고 뜻을 다하여 주 너의 하나님을 사랑하라 하셨으니" (마태복음 22:37)

예배는 자신의 온 마음을 다해, 하나님을 사랑하는 마음으로 나가야 합니다. 죄인 된 나를 위해 자기 아들을 내어주시기까지 하신 그 하나님의 사랑이 예배의 동기가 되어야 합니다. 교회에 와서는 세상 이야기나 잡담을 금하고, 하나님의 은혜를 바라며 기도로 준비합니다.

● 예배자가 온전한 예배를 드리기 위해 어떻게 준비해야 합니까?

예배자는 예배 준비를 위해서 _____ 을 가집니다.

"이 날은 준비일이요 안식일이 거의 되었더라" (누가복음 23:54)

예배자는 예배를 위해 미리 기도로 준비해야 합니다. 토요일은 주일 예배를 준비하는 예비일로 지켜야 합니다. 이날은 우리의 마음뿐 아니라, 우리의 육체도 예배에 피곤하지 않도록 준비합니다. 예배 전날 늦게까지 분주하며 무리하는 일은 피해야 합니다.

또한 예배 장소에 미리 와서 기도로 준비하며, 예배 중에는 잡담, 어린아이 소음, 졸음, 손장난, 휴대폰, 산만한 시선, 부정적인 감정, 사람들을 의식하느라 예배를 방해받지 않도록 합니다.

● 예배자의 복장은 어떠해야 합니까?

예배자의 복장은 교회에 _____ 을 세우는 기준으로 합니다.

"너희는 이 세대를 본받지 말고 오직 마음을 새롭게 함으로 변화를 받아 하나님의 선하시고 기뻐하시고 온전하신 뜻이 무엇인지 분별하도록 하라" (로마서 12:2)

예배자는 하나님 앞에 마음을 드리는 복장으로 나옵니다. 그 사람의 직분과 신앙 인격의 분량에 따라 단정하게 입습니다. 교회와 다른 사람에게 덕을 세우는 것이 각 사람의 기준입니다. 믿음이 연약한 사람에게 거침이 되지 않도록 합니다. 하나님 앞에 나의 유익보다 다른 사람의 유익을 구하는 단정한 복장으로 합니다(고린도전서 10:32,33).

V. 정 리

1. 주일 성수의 중요성에 대해 나누어보세요.

2. 예배드리는 마음 자세에 대해 나누어보세요.

3과
기도

- 기도의 의미
  Meaning of Prayer

- 기도의 목적
  Purpose of Prayer

- 기도하는 방법
  How to Pray

- 기도의 내용
  Content of Prayer

Ⅰ. 기도의 의미

1. 기도는 무엇을 하는 것입니까?

기도는 하나님과 _____ 하는 것입니다.

"아브라함이 또 이르되 주는 노하지 마옵소서 내가 이번만 더 아뢰리이다 거기서 십 명을 찾으시면 어찌 하려 하시나이까 이르시되 내가 십 명으로 말미암아 멸하지 아니하리라 여호와께서 아브라함과 말씀을 마치시고 가시니 아브라함도 자기 곳으로 돌아갔더라" (창세기 18:32,33)

기도는 하나님께 나가 하나님의 은혜를 구하며 교제하는 것입니다. 기도할 때 나의 간구뿐만 아니라, 하나님이 하시는 말씀을 듣는 것을 통해 교제가 이루어집니다. 하나님은 기도를 통해 우리와 친밀하게 교제하시기를 원하십니다.

II. 기도의 목적

1. 하나님의 말씀에 순종하기 위함

● 기도에 대한 하나님의 말씀이 어떠합니까?

기도하는 것은 하나님의 ＿＿＿＿＿＿＿ 입니다.

"쉬지 말고 기도하라" (데살로니가전서 5:17)

기도하라는 것은 하나님의 명령이므로 반드시 순종해야만 합니다. 기도는 영적인 호흡과 같아서, 기도하지 않으면 영적 생명이 끊어집니다. 기도는 죄의 세력을 이길 수 있는 능력을 주며, 영적 생명을 유지하게 합니다.

2. 하나님의 계획을 알기 위함

● 우리가 하나님의 뜻을 어떻게 알 수 있습니까?

우리를 향하신 하나님의 계획은 ＿＿＿＿＿＿ 를 통해 알 수 있습니다.

"일을 행하시는 여호와, 그것을 만들며 성취하시는 여호와, 그의 이름을 여호와라 하는 이가 이와 같이 이르시도다 너는 내게 부르짖으라 내가 네게 응답하겠고 네가 알지 못하는 크고 은밀한 일을 네게 보이리라" (예레미야 33:2,3)

하나님은 우리를 향한 놀라운 계획을 가지고 계십니다. 하나님은 그것을 우리의 기도를 통해 알려주시며, 기도를 통해 그것을 이루십니다. 그러므로 기도하는 사람만이 하나님의 비전을 성취하는 삶을 살 수 있습니다.

3. 하나님의 지혜를 얻기 위함

● 우리가 기도하는 하나님은 어떤 분이십니까?

하나님이 주시는 지혜는 _____ 를 통해 얻을 수 있습니다.

"너희 중에 누구든지 지혜가 부족하거든 모든 사람에게 후히 주시고 꾸짖지 아니하시는 하나님께 구하라 그리하면 주시리라" (야고보서 1:5)

자기 힘으로 해결할 수 없는 어려운 상황을 만날 때, 하나님께 기도해야 합니다. 그러면 하나님께서 그것을 해결할 수 있는 놀라운 지혜와 능력을 주십니다.

4. 영적인 능력을 받기 위함

● 기도를 통해 어떤 영적 능력을 받습니까?

기도하는 자에게는 _____ 을 받게 됩니다.

"이르시되 기도 외에 다른 것으로는 이런 종류가 나갈 수 없느니라 하시니라" (마가복음 9:29)

신앙생활은 보이는 세상적인 차원의 것이 아니라, 보이지 않는 영적인 세계에 속한 것입니다(에베소서 6:12). 악한 사단의 공격을 이기는 능력은 오직 기도를 통해서만 주어집니다. 이런 영적인 힘이 있어야 세상의 모든 위협과 핍박, 유혹들을 이길 수 있습니다.

5. 하나님의 도우심을 받기 위함

● 우리의 어려운 문제를 어떻게 해결할 수 있습니까?

기도는 하나님의 도우심을 받을 수 있는 _____ 입니다.

"내가 또 너희에게 이르노니 구하라 그러면 너희에게 주실 것이요 찾으라 그러면 찾아낼 것이요 문을 두드리라 그러면 너희에게 열릴 것이니" (누가복음 11:9)

기도는 우리의 어려운 문제에 대해 하나님께 도움을 받는 통로입니다. 하나님은 우리의 모든 문제를 하나님께 기도하면 들어주신다고 약속하셨습니다.

우리의 문제를 하나님께 기도하지 않고 자기 스스로 해결하고자 하는 것은 하나님을 의지하지 않는 불신앙입니다.

6. 시험에 들지 않기 위함

● 마귀의 공격을 어떻게 막을 수 있습니까?

기도는 마귀의 _____ 을 막아줍니다.

"시험에 들지 않게 깨어 기도하라 마음에는 원이로되 육신이 약하도다 하시고" (마태복음 26:41)

우리 자신의 힘으로 이 마귀의 공격을 이길 수 없습니다. 오직 예수 그리스도의 능력을 의지하는 믿음의 기도를 통해서만 이길 수 있습니다. 기도는 마귀의 시험을 방어하고 공격하는 강력한 무기입니다.

Ⅲ. 기도하는 방법

1. 하나님만 상대로 기도함

● 기도의 대상이 누구입니까?

우리가 의지하는 기도의 대상은 오직 _____ 뿐입니다.

"너는 기도할 때에 네 골방에 들어가 문을 닫고 은밀한 중에 계신 네 아버지께 기도하라 은밀한 중에 보시는 네 아버지께서 갚으시리라" (마태복음 6:6)

우리의 기도는 오직 하나님만 들으시고, 응답해주십니다. 그러므로 은밀한 중에 보시는 하나님께만 마음을 드려 기도해야 합니다. 사람에게 보이려고 기도하거나, 마음 없이 중언부언하는 기도는 하나님이 듣지 않으십니다.

2. 하나님의 뜻대로 기도함

● 하나님은 어떤 기도에 응답하십니까?

우리의 기도는 _____ 에 합당해야 합니다.

"그를 향하여 우리가 가진 바 담대함이 이것이니 그의 뜻대로 무엇을 구하면 들으심이라" (요한일서 5:14)

응답되는 기도는 하나님의 뜻에 합당해야 합니다. 하나님은 하나님의 뜻대로 하는 기도만 들어주십니다. 죄를 품거나, 자기의 정욕으로 쓰기 위한 기도는 듣지 않으십니다. 먼저 하나님의 뜻을 이루는 기도를 해야 합니다.

"구하여도 받지 못함은 정욕으로 쓰려고 잘못 구하기 때문이라" (야고보서 4:3)

3. 하나님 말씀에 순종할 자세로 기도함

● 말씀에 대한 기도자의 자세가 어떠해야 합니까?

기도자는 먼저 하나님의 말씀에 _____ 하는 삶을 살아야 합니다.

"사람이 귀를 돌려 율법을 듣지 아니하면 그의 기도도 가증하니라" (잠언 28:9)

하나님께 기도하는 사람은 먼저 자신이 하나님의 뜻대로 살고자 하는 마음을 가져야 합니다. 그러므로 기도의 응답을 받기 원한다면 먼저 주어진 하나님 말씀에 순종하는 삶을 살아야 합니다.

4. 믿음으로 기도해야 함

● 기도자가 먼저 가져야 할 조건이 무엇입니까?

기도할 때 _____ 으로 기도해야 합니다.

"내가 진실로 너희에게 이르노니 누구든지 이 산더러 들리어 바다에 던져지라 하며 그 말하는 것이 이루어질 줄 믿고 마음에 의심하지 아니하면 그대로 되리라 그러므로 내가 너희에게 말하노니 무엇이든지 기도하고 구하는 것은 받은 줄로 믿으라 그리하면 너희에게 그대로 되리라" (마가복음 11:23, 24)

기도의 응답은 믿음으로 받습니다. 전능하신 하나님의 능력과 그 약속을 믿음으로 기도해야 합니다. 하나님을 믿지 않고 의심하는 기도는 스스로를 속이는 것입니다.

"오직 믿음으로 구하고 조금도 의심하지 말라 의심하는 자는 마치 바람에 밀려 요동하는 바다 물결 같으니 이런 사람은 무엇이든지 주께 얻기를 생각하지 말라 두 마음을 품어 모든 일에 정함이 없는 자로다" (야고보서 1:6-8)

하나님은 우리를 사랑하시기 때문에, 우리의 기도를 들어주신다는 것을 믿어야 합니다.

5. 예수님의 이름으로 기도함

● 우리가 무엇에 근거해서 하나님께 기도할 수 있습니까?

우리의 기도 응답의 근거는 _____ 으로 구하는 것에 있습니다.

"너희가 내 이름으로 무엇을 구하든지 내가 행하리니 이는 아버지로 하여금 아들로 말미암아 영광을 받으시게 하려 함이라 내 이름으로 무엇이든지 내게 구하면 내가 행하리라" (요한복음 14:13, 14)

우리 죄인은 하나님께 나가 기도할 자격이 없지만, 예수님의 십자가의 공로로 하나님께 기도할 수 있는 특권을 받았습니다. 그러므로 우리의 기도는 오직 예수님의 이름을 의지해야만 합니다. 그 이름에 권세가 있기 때문입니다.

Ⅳ. 기도의 내용

1. 하나님의 은혜에 대한 감사와 찬양

● 하나님께 기도할 때 먼저 해야 할 내용이 무엇입니까?

기도할 때에 가장 먼저 해야 할 것은 _____ 하는 것입니다.

"그러므로 너희는 이렇게 기도하라 하늘에 계신 우리 아버지여 이름이 거룩히 여김을 받으시오며" (마태복음 6:9)

우리 기도의 중심은 하나님의 이름을 높여드리며, 영광 돌리는 것에 있어야 합니다. 하나님 앞에 나아갈 때 하나님이 우리에게 베푸신 은혜에 대해 감사함으로, 먼저 하나님께 영광 돌려야 합니다.

2. 자신의 죄 고백과 용서를 구함

● 기도할 때 자신에 대해 먼저 무엇을 구해야 합니까?

기도할 때 먼저 다른 사람과 묶인 것을 _____ 해야 합니다.

"서서 기도할 때에 아무에게나 혐의가 있거든 용서하라 그리하여야 하늘에 계신 너희 아버지께서도 너희 허물을 사하여 주시리라 하시니라" (마가복음 11:25)

기도는 하나님과의 영적인 교제입니다. 하나님과의 사이에 막힌 담이 있으면 기도가 막힙니다. 하나님과 우리 사이를 가로막고 있는 것은 바로 우리의 죄입니다(이사야 59:2). 그러므로 하나님 앞에 걸려 있는 죄 문제를 먼저 고백하고 용서를 구해야 합니다. 하나님은 죄를 품고 하는 기도는 듣지 않으십니다. 특히 남을 용서하지 못하는 죄가 있으면 먼저 그 문제를 해결해야 합니다. 기도하기 전에 먼저 형제와 서로 묶인 문제의 용서를 구하는 기도를 해야 합니다.

3. 하나님 나라를 먼저 구함

● 기도할 때 무엇을 먼저 구해야 합니까?

기도할 때에 하나님께 먼저 구할 것은 _____ 입니다.

"그런즉 너희는 먼저 그의 나라와 그의 의를 구하라 그리하면 이 모든 것을 너희에게 더하시리라" (마태복음 6:33)

하나님 중심적인 신앙은 모든 기도에 자기 일보다, 하나님 나라와 그 의를 먼저 구합니다. 그러면 하나님께서 구하지 않은 우리의 필요를 채워주십니다. 우리의 기도 우선순위가 하나님 나라와 섬기는 교회와 목회자, 나라와 민족, 다른 사람을 위한 중보기도가 되어야 합니다.

4. 자신에 관한 간구

● 기도할 때 우리의 어떠한 것을 구해야 합니까?

자신을 위해 구할 것은 _____ 입니다.

"오늘 우리에게 일용할 양식을 주시옵고" (마태복음 6:11)

우리는 하나님께 모든 것을 다 구할 수 있습니다. 그러나 하나님 뜻에 합당한 것만 구하고, 탐심으로 구하지 않아야 합니다. 하나님은 우리가 그날 필요한 일용할 양식을 구하는 기도를 통해 매일 우리와 교제하기를 원하십니다.

"구하라 그리하면 너희에게 주실 것이요 찾으라 그리하면 찾아낼 것이요 문을 두드리라 그리하면 너희에게 열릴 것이니" (마태복음 7:7)

V. 정 리

1. 기도하는 목적이 무엇입니까?

2. 기도를 어떤 방법으로 해야 합니까?

3. 기도해야 할 내용에 대해 말해보세요.

Fellowshi

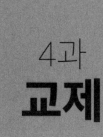

4과
교제

Ⅰ. 교제의 목적

1. 교제의 목적이 무엇입니까?

교제는 그리스도 안에서 성도 간의 영적인 _____ 입니다.

"그가 빛 가운데 계신 것같이 우리도 빛 가운데 행하면 우리가 서로 사귐이 있고 그 아들 예수의 피가 우리를 모든 죄에서 깨끗하게 하실 것이요" (요한일서 1:7)

교제는 예수 그리스도 안에서 이루어지는 성도들의 영적인 사귐입니다. 서로가 예수 그리스도의 십자가 앞에 자신의 삶을 나누는 것입니다. 예수 그리스도를 중심으로 한 성도의 교제를 통해 죄에 대한 회개와 용서로 죄 문제가 해결되는 능력이 나타납니다. 예수 그리스도 안에서 자신의 문제를 빛 가운데 드러내는 교제를 통해 어둠의 세력이 떠나가기 때문입니다.

Ⅱ. 교제의 형성

1. 교제를 위해 먼저 어떻게 해야 합니까?

교제는 성도 간의 _____ 을 통해 이루어집니다.

"모이기를 폐하는 어떤 사람들의 습관과 같이 하지 말고 오직 권하여 그 날이 가까움을 볼수록 더욱 그리하자" (히브리서 10:25)

교회 안에서 그리스도인의 교제는 성도 간의 만남을 통해 이루어집니다. 그러므로 그리도 안에서 교제를 위해서 성도 간에 모이기를 힘써야 합니다.

교회 안의 모든 모임을 통해 교제권이 풍성해집니다. 또한 서로 간에 깊은 이해와 신뢰의 관계가 될수록 더 깊은 교제가 이루어집니다. 성도 간의 모임에는 예수님과 성령님이 함께하시기 때문입니다.

"두세 사람이 내 이름으로 모인 곳에는 나도 그들 중에 있느니라" (마태복음 18:20)

그리스도 안에서의 교제는 그리스도를 믿는 사람들로 이루어지며, 믿지 않는 사람과는 그리스도 중심의 교제가 이루어지지 않습니다.

Ⅲ. 교제의 성격

1. 성도들 간의 교제의 기초가 무엇입니까?

성도 간의 교제의 기본은 _____ 의 믿음입니다.

"그가 빛 가운데 계신 것 같이 우리도 빛 가운데 행하면 우리가 서로 사귐이 있고 그 아들 예수의 피가 우리를 모든 죄에서 깨끗하게 하실 것이요" (요한일서 1:7)

성도의 교제는 빛 되신 하나님과 우리 죄를 사해주신 예수 그리스도 중심으로 이루어져야 합니다. 죄 고백과 용서의 교제를 할 수 있는 조건은 그리스도의 십자가를 믿는 믿음과 그 죄사함 받은 체험이 있는 자라야 합니다. 그래야 교제 가운데 나타나는 모든 죄 문제를 그리스도의 보혈로 해결할 수 있기 때문입니다.

Ⅳ. 교제하는 자세

1. 열린 마음

● 어떤 사람이 그리스도 안에서 교제할 수 있습니까?

교제는 빛 가운데 자신을 드러낼 수 있는 _____ 마음이 있어야 합니다.

"악을 행하는 자마다 빛을 미워하여 빛으로 오지 아니하나니 이는 그 행위가 드러날까 함이요 진리를 따르는 자는 빛으로 오나니 이는 그 행위가 하나님 안에서 행한 것임을 나타내려 함이라 하시니라" (요한복음 3:20, 21)

예수 그리스도 안에서 하는 교제는 빛 되신 예수님 앞에 자신을 드러낼 수 있는 열린 마음을 가진 사람만 할 수 있습니다. 어둠에 속한 사람은 자기 죄와 허물을 드러내는 것을 두려워하여 빛 가운데 나오지 못합니다.

2. 예수 그리스도 중심의 마음

● 교제의 목적이 무엇입니까?

성도의 교제 목적은 하나님의 _____ 을 드러내는 것입니다.

"그런즉 너희가 먹든지 마시든지 무엇을 하든지 다 하나님의 영광을 위하여 하라 유대인에게나 헬라인에게나 하나님의 교회에나 거치는 자가 되지 말고 나와 같이 모든 일에 모든 사람을 기쁘게 하여 자신의 유익을 구하지 아니하고 많은 사람의 유익을 구하여 그들로 구원을 받게 하라" (고린도전서 10:31-33)

성도 간의 교제의 궁극적인 목적은 그 교제를 통해 우리에게 행하신 예수 그리스도의 은혜를 나눔으로 하나님께 영광을 돌리는 것입니다. 그러므로 교제의 중심은 예수 그리스도께서 나를 통하여 어떤 일을 행하셨는가를 예수님 중심으로 바라보고 나누는 것입니다(요한복음 4:29).

하나님 안에서 행해진 일을 인간적이거나, 세상적인 관점에서 바라보면 사단의 시험에 빠질 수 있습니다. 교제가 인간적인 욕심이나 자랑이 될 때 그런 교제는 금해야 합니다. 또한 자신을 드러내거나, 자기 죄를 변명하며, 주장하는 것은 사단의 방해를 받게 됩니다.

3. 정직한 마음

● 교제에 필요한 마음이 무엇입니까?

성도의 교제에 요구되는 것은 _____ 인격입니다.

"하나님이여 내 속에 정한 마음을 창조하시고 내 안에 정직한 영을 새롭게 하소서" (시편 51:10)

빛 가운데 교제가 이루어지기 위해서는 정직한 마음을 가져야 합니다. 빛과 어둠은 함께할 수 없기 때문입니다. 마음속에 거짓이나 숨기는 것이 있으면 성령 안에서의 교제가 방해를 받습니다. 또한 남을 미워하거나 정죄하는 마음을 가질 때도 성령의 교제가 이루어지지 않습니다. 항상 하나님의 빛 가운데 진실된 마음만 나누고, 사람 앞에서 거짓된 말을 금해야 합니다.

4. 겸손한 자세

● 교제 시 요구되는 것이 무엇입니까?

교제할 때 _____ 마음 자세로 해야 합니다.

"너희 안에 이 마음을 품으라 곧 그리스도 예수의 마음이니" (빌립보서 2:5)

교제할 때 자기보다 남을 낮게 여기는 겸손한 자세로 해야 합니다. 남을 판단하고, 자기를 드러내고자 주장하는 것을 피해야 합니다. 다른 사람의 형편과 의견을 잘 듣고, 이해하고자 하는 겸손한 마음을 가져야 합니다.

또한 교제를 통해서 다른 사람을 자기 뜻대로 조종하려고 해서는 안 됩니다. 단지 자기에게 역사하시는 예수님과 자기 생각과 감정을 나누기만 하면 됩니다. 남을 지배하거나 가르치려고 하는 자세를 갖지 않도록 해야 합니다.

5. 섬기는 자세

● 교제할 때 다른 사람의 연약한 점에 대해 어떤 자세를 가져야 합니까?

교제할 때 다른 사람의 연약함을 사랑으로 _____ 마음을 가져야 합니다.

"그러므로 무엇이든지 남에게 대접을 받고자 하는 대로 너희도 남을 대접하라 이것이 율법이요 선지자니라" (마태복음 7:12)

교제할 때 자기 유익을 구하기보다 다른 사람의 연약함을 그리스도의 사랑으로 섬기고자 하는 마음을 가져야 합니다. 교제 가운데 나타나는 다른 사람의 허물을 판단하거나 정죄하지 않아야 합니다.

6. 서로 덕을 세우는 자세

● 교제할 때 지켜야 할 덕이 무엇입니까?

교제 시 주의해야 할 것은 교회와 성도들에게 _____ 을 세우는 것입니다.

"그런즉 형제들아 어찌할까 너희가 모일 때에 각각 찬송시도 있으며 가르치는 말씀도 있으며 계시도 있으며 방언도 있으며 통역함도 있나니 모든 것을 덕을 세우기 위하여 하라" (고린도전서 14:26)

그리스도인의 모든 모임은 교회와 성도 간의 덕을 세우기 위한 목적이어야 합니다. 성도의 교제는 그 결과가 교회에 덕을 세우고 주님의 영광을 드러내야 합니다. 성숙한 교제를 하기 위해서는 성숙한 인격과 믿음이 필요합니다.

7. 믿음의 분량에 맞게 함

● 교제의 내용과 그 정도를 어떻게 해야 합니까?

성도 간의 교제의 정도는 _____ 에 따라 정해집니다.

"그런즉 너희의 자유가 믿음이 약한 자들에게 걸려 넘어지게 하는 것이 되지 않도록 조심하라" (고린도전서 8:9)

서로 간의 교제의 범위와 정도는 서로 감당할 수 있는 믿음의 분량 안에서 해야 합니다. 믿음이 따라가지 않는 교제는 외식과 교만으로 마귀의 올무에 빠질 위험이 있습니다. 자기 믿음뿐만 아니라, 상대방이 감당할 수 있는 믿음의 분량 안에서 해야 합니다.

8. 용서의 마음

● 교제할 때 상대방의 죄를 다루는 데 필요한 것이 무엇입니까?

교제하는 사람은 먼저 예수 그리스도의 _____ 의 체험이 있어야 합니다.

"서로 친절하게 하며 불쌍히 여기며 서로 용서하기를 하나님이 그리스도 안에서 너희를 용서하심과 같이 하라" (에베소서 4:32)

빛 가운데 이루어지는 교제에는 많은 허물과 죄가 드러납니다. 그러므로 다른 사람의 허물을 감당할 수 있는 믿음이 있어야 합니다. 그리스도 안에서의 참된 교제는 상대방의 모든 허물을 그리스도의 십자가 안에서 용서하는 믿음 안에서만 이루어져야 합니다. 다른 사람의 죄를 용서하지 못하는 사람은 사단의 참소에 빠지기 때문입니다.

먼저 자신의 죄가 예수님의 보혈로 용서받은 체험이 있는 사람만이 남의 죄를 용서할 수 있는 교제를 할 수 있습니다. 바른 교제를 위해서는 자기 자신의 죄 문제를 먼저 하나님 앞에 회개하고 용서함 받는 것이 중요합니다.

V. 교제의 내용

1. 서로의 삶을 나눔

● 교제할 때 자신의 삶을 어떤 관점에서 나누어야 합니까?

교제는 모든 것을 ＿＿＿ 중심으로 나누어야 합니다.

"즐거워하는 자들과 함께 즐거워하고 우는 자들과 함께 울라" (로마서 12:15)

교제는 예수 그리스도께서 자신에게 행하신 것을 나눔으로 하나님께 영광을 돌립니다. 이때 모든 것을 예수 그리스도의 십자가 관점에서 나눔으로 듣는 이에게 덕이 되어야 합니다.

또한 자신에게 주어진 모든 고통과 허물까지도 그것을 통해서 오직 하나님의 영광을 드러내는 자세로 교제해야 합니다. 부정적인 마음이나 원망하고 불평하는 마음으로 하지 않도록 합니다. 그것은 자기의 문제를 십자가 중심이 아닌 인간적인 관점에서 바라봄으로 사단에게 문을 열게 됩니다.

2. 서로의 죄를 고백함

● 교제할 때 자기 죄를 나눌 수 있는 근거가 무엇입니까?

죄를 고백하는 교제는 _____ 를 믿는 믿음으로 해야 합니다.

"만일 우리가 우리 죄를 자백하면 그는 미쁘시고 의로우사 우리 죄를 사하시며 우리를 모든 불의에서 깨끗하게 하실 것이요" (요한일서 1:9)

죄는 하나님 앞에 나가지 못하게 하는 장애물입니다(이사야 59:2). 다른 사람과 죄 문제로 묶여 있다면 먼저 그 죄를 고백하고 용서로 풀어야 합니다.

죄를 고백하는 교제는 주님의 용서를 믿는 믿음에 근거해서만 해야 합니다. 또한 죄 고백의 교제는 자기의 죄를 감당할 만한 믿음이 있는 사람에게만 해야 합니다.

"그러므로 예물을 제단에 드리려다가 거기서 네 형제에게 원망들을 만한 일이 있는 것이 생각나거든 예물을 제단 앞에 두고 먼저 가서 형제와 화목하고 그 후에 와서 예물을 드리라" (마태복음 5:23, 24)

3. 권면의 말을 함

● 교제할 때 어떤 것을 권면해야 합니까?

교제 시 다른 사람에게 필요한 _____ 의 일을 합니다.

"또 형제들아 너희를 권면하노니 게으른 자들을 권계하며 마음이 약한 자들을 격려하고 힘이 없는 자들을 붙들어 주며 모든 사람에게 오래 참으라" (데살로니가전서 5:14)

교제를 통해 서로의 죄에 대해서는 책망을 하며, 어렵고 연약한 사람에게는 위로와 권면으로 서로의 신앙을 온전하게 합니다. 책망과 권면이 없는 교제는 죄를 다스리지 못하여, 시험에 들 수 있습니다.

4. 경책함

● 교제할 때 경책의 유익이 무엇입니까?

교제를 통해 잘못된 죄에 대해서는 _____ 합니다.

"이 증언이 참되도다 그러므로 네가 그들을 엄히 꾸짖으라 이는 그들로 하여금 믿음을 온전하게 하고" (디도서 1:13)

교제를 통해서 잘못된 죄에 대해 주님의 말씀으로 책망하여 바른 길로 돌아오게 합니다. 죄인은 자신의 문제를 바로 보지 못하므로, 영적으로 성숙한 사람과의 교제를 통해 자기 문제를 깨닫고 회개할 수 있게 합니다. 그러므로 어려울 때는 자기보다 영적으로 성숙한 사람과 교제를 해야 합니다. 영적으로 온전치 않는 사람과 가까이하지 않도록 주의해야 합니다.

5. 감사와 찬양

● 교제의 궁극적인 목표와 기대가 무엇입니까?

모든 교제의 결국은 _____ 하는 것을 목표로 합니다.

"그리스도의 말씀이 너희 속에 풍성히 거하여 모든 지혜로 피차 가르치며 권면하고 시와 찬송과 신령한 노래를 부르며 감사하는 마음으로 하나님을 찬양하고" (골로새서 3:16)

교제는 자신의 문제만을 해결하는 것이 목적이 아닙니다. 모든 교제를 통해 예수 그리스도 안에서 이루어진 모든 일로 인해 하나님께 감사하고 찬양하는 것이 목적입니다. 하나님께 대한 불신이나 부정적인 교제는 예수 그리스도 안에서 이루어지지 않는 교제의 결과입니다. 그런 교제는 속히 그치게 해야 자신의 영혼에 안전합니다.

VI. 교제의 유익

1. 풍성한 은혜의 삶

● 다른 사람과 교제를 통해 얻는 유익이 무엇입니까?

교제는 우리의 신앙생활을 _____ 합니다.

"만일 한 지체가 고통을 받으면 모든 지체가 함께 고통을 받고 한 지체가 영광을 얻으면 모든 지체가 함께 즐거워하느니라 너희는 그리스도의 몸이요 지체의 각 부분이라" (고린도전서 12:26, 27)

교제는 개인의 신앙을 더욱 풍성하고 온전하게 합니다. 개인이 혼자 신앙을 하면 개인 차원의 수준에 머뭅니다. 그러나 두 사람이 서로 교제하면 두 사람에게 역사하시는 하나님의 은혜를 두 배로 경험할 수 있으며, 열 사람이면 열 사람에게 역사하신 하나님의 다양한 것을 배우고 알게 됩니다.

혼자 하는 신앙은 하나님의 풍성한 은혜가 단절된 초라한 삶이 됩니다. 다른 사람과의 교제를 통하여 하나님의 풍성한 은혜를 나누는 신앙이 건강합니다.

2. 온전한 신앙 인격 형성

● 교제를 통해 우리의 신앙 인격에 어떤 유익이 있습니까?

교제는 우리의 신앙 인격을 _____ 합니다.

"만일 한 지체가 고통을 받으면 모든 지체가 함께 고통을 받고 한 지체가 영광을 얻으면 모든 지체가 함께 즐거워하느니라 너희는 그리스도의 몸이요 지체의 각 부분이라" (고린도전서 12:26, 27)

성도는 서로 그리스도의 몸을 이루는 지체입니다. 한 지체는 다른 지체를 떠나 독립적으로 존재할 수 없습니다. 다른 사람과의 교제가 단절된 것은 몸에서 이탈된 지체와 같습니다. 성도는 다른 지체들과 서로 돕고 나누는 가운데 자신도 온전하게 자랍니다.

다른 성도와 관계성 없이 혼자 신앙하는 사람은 자기 자신을 객관적으로 바라보는 것이 약합니다. 다른 사람을 통해 자기 자신의 부족한 면을 채움 받는 데서 단절되기 때문입니다. 그런 신앙은 한쪽으로 치우쳐서 온전한 신앙으로 자라지 못합니다.

3. 죄사함

● 교제가 죄 문제 해결에 어떤 영향을 줍니까?

교제를 통해 죄의 세력이 _____ 됩니다.

"만일 우리가 우리 죄를 자백하면 그는 미쁘시고 의로우사 우리 죄를 사하시며 우리를 모든 불의에서 깨끗하게 하실 것이요" (요한일서 1:9)

교제는 우리 속에 숨어 있는 어두운 죄를 빛 가운데 드러내어 해결하는 좋은 방법입니다. 죄는 우리 속에 숨기고 품을수록 그 세력이 더 강해집니다. 그러나 어둠은 빛 가운데 드러낼 때 그 세력이 소멸됩니다. 죄는 예수 그리스도 앞에 드러내어 고백함으로 그 세력이 파멸됩니다.

4. 문제 해결

● 교제가 우리의 문제에 어떤 역할을 합니까?

교제는 그리스도인들의 많은 문제를 _____ 해줍니다.

"두세 사람이 내 이름으로 모인 곳에는 나도 그들 중에 있느니라" (마태복음 18:20)

신앙의 어려운 일은 주님 앞에 드러내어 교제할 때 그 문제가 해결됩니다. 그 교제 가운데 주님이 함께 계시기 때문입니다.

5. 격려와 위로

● 교제가 고난 받는 사람에게 어떤 도움을 줍니까?

교제는 세상 악과 싸우는 그리스도인에게 _____ 를 줍니다.

"서로 돌아보아 사랑과 선행을 격려하며" (히브리서 10:24)

그리스도인의 교제는 고통과 아픔 가운데 있는 사람에게 주님의 위로와 격려를 줍니다. 그리스도인은 예수님 때문에 세상의 미움과 핍박을 받습니다. 성도가 겪는 신앙적인 문제는 세상 사람들로부터는 이해받을 수 없습니다. 그런 것은 오직 그리스도인들만이 이해하고, 위로와 격려로 도와줄 수 있습니다. 성도들은 연약하고 고통받는 성도들을 위로하고 권면하는 교제를 적극적으로 해야 합니다.

VII. 정리

1. 교제할 때 중시해야 할 것이 무엇인지 나누어보세요.

2. 성도 간에 교제가 필요한 이유에 대해 말해보세요.

Praise

5과
찬양

I. 찬양의 의미

1. 우리가 하나님을 찬양해야 할 근거가 무엇입니까?

찬양은 사람이 하나님께 마땅히 드려야 할 _____ 입니다.

"이 백성은 내가 나를 위하여 지었나니 나를 찬송하게 하려 함이니라" (이사야 43:21)

하나님은 이 세상 만물을 하나님의 기쁨을 위해 창조하셨습니다. 그러므로 하나님이 지으신 피조물은 마땅히 하나님을 찬양해야 합니다. 찬양은 우리의 마음과 몸을 온전히 하나님께 드리는 경배입니다.

II. 찬양의 목적

1. 하나님을 경배함

● 찬양의 목적이 무엇입니까?

찬양은 하나님을 _____ 하는 것입니다.

"여호와는 위대하시니 지극히 찬양할 것이요 모든 신들보다 경외할 것임이여" (시편 96:4)

찬양은 오직 하나님 한 분께만 경배드리며, 영광을 돌려야 합니다. 찬양은 피조물 된 인간이 창조주 되신 하나님을 높이는 경배입니다. 그러므로 하나님께 드려져야 할 찬양이 어떤 사람이나, 찬양하는 자신을 위한 것이 되지 않아야 합니다.

2. 하나님께 드리는 제사

● 찬양과 예배는 어떤 관계입니까?

찬양은 곧 하나님께 드리는 거룩한 _____ 입니다.

"그러므로 우리는 예수로 말미암아 항상 찬송의 제사를 하나님께 드리자 이는 그 이름을 증언하는 입술의 열매니라" (히브리서 13:15)

찬양은 그 자체가 하나님의 이름과 영광을 드러내는 예배의 제물입니다. 그러므로 찬양하는 시간에 늦거나 다른 행위를 하는 것은 하나님의 예배를 방해하는 것입니다.

3. 감사와 기쁨의 표시

● 하나님께 찬양으로 마땅히 드려야 할 것이 무엇입니까?

찬양을 통하여 하나님께 ＿＿＿＿＿ 을 드립니다.

"감사제를 드리며 노래하여 그가 행하신 일을 선포할지로다" (시편 107:22)

　찬양을 통해 하나님께서 우리에게 행하신 놀라운 은혜와 그 권능을 기뻐하며 감사해야합니다. 하나님이 행하신 놀라운 일에 마땅히 하나님께 찬양으로 그 영광을 올려 드려야 합니다. 그러므로 찬양드릴 때 하나님의 놀라운 사랑과 그 은혜를 생각하며 감사와 기쁜 마음으로 찬양해야 합니다.

Ⅲ. 찬양할 시기

1. 항상 찬양 (시편 35:28 ; 71:6 ; 119:164 ; 145:2)

● 왜 항상 찬양해야 합니까?

성도가 항상 하나님을 찬양해야 할 이유는 하나님 _____ 의 은혜 때문입니다.

"이러므로 나의 평생에 주를 송축하며 주의 이름으로 말미암아 나의 손을 들리이다" (시편 63:4)

성도의 입술에는 항상 찬양이 있어야 합니다. 죄 가운데서 구원해주신 하나님의 사랑과 은혜가 평생 찬양해야 하는 근거입니다. 하나님께 받은 은혜를 감사하며 찬양할 때 그 은혜가 더 풍성하게 됩니다.

2. 회중 예배 때 (시편 22:22 ; 26:12 ; 134:1,2 ; 149:1)

● 모일 때 왜 하나님을 찬양해야 합니까?

성도가 모일 때 찬양하는 것은 그곳에 _____ 께서 함께하시기 때문입니다.

"이스라엘의 근원에서 나온 너희여 대회 중에 하나님 곧 주를 송축할지어다" (시편 68:26)

하나님 안에서 성도들이 모일 때마다 하나님은 찬양을 받기 원하십니다. 모든 모임이 있을 때마다 먼저 하나님께 찬양을 드리는 것이 마땅합니다. 성도들의 모임 가운데 하나님의 영이 함께하시기 때문입니다.

3. 하나님의 능력과 은혜를 받을 때
(출애굽기 15:1-21 ; 사무엘상 2:1-10 ; 누가복음 1:14-55 ; 68-79)

● 하나님의 은혜를 받을 때 왜 찬양을 해야 합니까?

하나님의 은혜를 _____ 으로 하나님께 감사와 영광을 돌립니다.

"뛰어 서서 걸으며 그들과 함께 성전으로 들어가면서 걷기도 하고 뛰기도 하며 하나님을 찬송하니" (사도행전 3:8)

우리가 하나님의 은혜와 능력을 체험할 때, 찬양으로 하나님께 감사하며 영광을 돌려야 합니다. 하나님은 우리에게 영광을 받으시기 위해 그러한 은혜를 주셨기 때문입니다. 찬양은 하나님의 은혜를 감사하며 높여드리는 최고의 경배입니다.

4. 고난 중에 있을 때 (사도행전 16:25)

● 고난 중에 왜 찬양이 필요합니까?

찬양은 _____ 을 물리칩니다.

"그 노래와 찬송이 시작될 때에 여호와께서 복병을 두어 유다를 치러 온 암몬 자손과 모압과 세일 산 주민들을 치게 하시므로 그들이 패하였으니" (역대하 20:22)

신앙적인 핍박이나 환난의 때 하나님을 바라보며 큰 소리로 찬양할 때 고난의 세력이 떠나갑니다. 신앙적인 고난으로 불평하는 것은 마귀가 한 일을 찬성하는 것입니다. 그러나 고난 가운데 하나님께 드리는 찬양은 어둠의 세력을 물리치는 강력한 영적 무기입니다.

5. 사단의 공격을 물리칠 때

● 사단의 공격 앞에 왜 찬양을 해야 합니까?

찬양은 _____ 의 세력을 물리칩니다.

"하나님께서 부리시는 악령이 사울에게 이를 때에 다윗이 수금을 들고 와서 손으로 탄즉 사울이 상쾌하여 낫고 악령이 그에게서 떠나더라" (사무엘상 16:23)

찬양 가운데 하나님의 권세와 능력이 임합니다. 악한 영들이 괴롭히거나 공격할 때, 하나님을 찬양하므로 그 세력을 물리칠 수 있습니다. 찬양은 하나님의 능력을 나타내는 강력한 영적 전투의 무기입니다.

Ⅳ. 찬양하는 방법

1. 온 마음으로 찬양 (고린도전서 14:15)

● 전심으로 하는 찬양은 어떻게 합니까?

찬양할 때 우리의 모든 _____ 을 다해야 합니다.

"주 나의 하나님이여 내가 전심으로 주를 찬송하고 영원토록 주의 이름에 영광을 돌리오리니" (시편 86:12)

찬양은 하나님께 올려드리는 제사이므로 온 힘과 마음을 다해 드려야 합니다. 찬양할 때 자기 마음과 시선을 다른 데 빼앗기지 않아야 합니다. 오직 하나님께만 초점을 맞추며, 은혜에 감사하는 마음으로 힘을 다해 찬양해야 합니다.

2. 영으로 찬양 (고린도전서 14:15)

● 영으로 하는 찬양이 무엇입니까?

영으로 찬양하는 것은 _____ 으로 하는 것입니다.

"시와 찬송과 신령한 노래들로 서로 화답하며 너희의 마음으로 주께 노래하며 찬송하며" (에베소서 5:19)

찬양은 사람의 생각과 마음뿐만 아니라, 성령 안에서 신령한 노래로 찬양드릴 수 있습니다. 이것은 성령에 이끌림을 받아서 하는 영적 찬양입니다.

3. 시로 찬양 (시편 95:2)

● 시로 찬양하는 것이 무엇입니까?

시로 찬양하는 것은 _____ 로 하나님께 감사와 영광을 돌리는 것입니다.

"하나님은 온 땅의 왕이심이라 지혜의 시로 찬송할지어다" (시편 47:7)

시편에 많은 시인들은 하나님을 말과 글로 찬양합니다. 우리는 하나님의 은혜에 대한 감사를 우리의 아름다운 말이나 글로 찬양할 수 있습니다.

4. 기쁨으로 찬양 (역대하 29:30)

● 왜 기쁨으로 찬양을 해야 합니까?

찬양하는 자의 마음은 _____ 으로 찬양합니다.

"골수와 기름진 것을 먹음과 같이 나의 영혼이 만족할 것이라 나의 입이 기쁜 입술로 주를 찬송하되" (시편 63:5)

주님 안에서 드리는 찬양은 성령이 주시는 기쁨과 자유함이 있습니다. 하나님을 기뻐하는 것이 찬양의 가장 큰 동기입니다. 하나님을 기쁘게 찬양하는 사람은 그 마음에 기쁨이 주어짐으로 하나님께 영광 돌립니다.

5. 감사함으로 찬양

● 어떻게 감사함으로 찬양합니까?

찬양하는 자의 찬양의 동기가 하나님께 _____ 하는 마음입니다.

"감사함으로 여호와께 노래하며 수금으로 하나님께 찬양할지어다" (시편 147:7)

하나님께서 우리에게 행하신 일에 감사한 마음이 찬양하는 동기입니다. 하나님의 은혜에 감사하는 그 마음이 하나님께 올려드리는 아름다운 찬양이 됩니다.

6. 큰 소리로 찬양

● 어떤 상황에서 큰 소리로 찬양해야 합니까?

큰 소리로 찬양해야 할 때는 _____ 의 찬양입니다.

"그핫 자손과 고라 자손에게 속한 레위 사람들은 서서 심히 큰 소리로 이스라엘 하나님 여호와를 찬송하니라" (역대하 20:19)

영적 전투에는 큰 소리로 찬양해야 하며, 이 때 원수들을 제압할 수 있습니다. 영적 싸움을 앞둔 찬양은 군가를 부르듯이 원수를 향해 선전포고를 하며, 승리를 선포하는 찬양을 해야 합니다.

7. 새 노래로 찬양 (시편 149:1; 이사야 42:10)

● 어떻게 새 노래로 찬양합니까?

새 노래는 _____ 이 새롭게 주시는 찬양입니다.

"새 노래로 그를 노래하며 즐거운 소리로 아름답게 연주할지어다" (시편 33:3)

성령께서 각 시대와 각 사람의 상황에 따라 그에 합당한 찬양을 주십니다. 그러므로 이전의 찬양뿐만 아니라, 그 시대에 새롭게 주시는 새 찬양으로도 하나님을 경배해야 합니다.

8. 춤을 추며 찬양 (시편 30:11 ; 68:4 ; 150:4 ; 사무엘하 6:14)

● 어떻게 춤을 추면서 찬양합니까?

춤은 _____ 을 표현하는 찬양입니다.

"춤추며 그의 이름을 찬양하며 소고와 수금으로 그를 찬양할지어다" (시편 149:3)

하나님 앞에 춤은 하나님이 주시는 은혜에 대한 기쁨을 몸으로 표현하는 찬양입니다. 그러므로 하나님을 기뻐하는 사람은 다윗과 같이 하나님을 기쁘게 해드리기 위해 춤을 추며 찬양합니다.

9. 손을 들고 찬양

● 손을 들고 찬양합니까?

손을 드는 것은 하나님을 향한 _____ 의 표현입니다.

"이러므로 나의 평생에 주를 송축하며 주의 이름으로 말미암아 나의 손을 들리이다" (시편 63:4)

손을 들고 찬양하는 것은 하나님을 향한 그 마음의 중심을 나타냅니다. 우리의 마음에 있는 것이 몸으로 표현됩니다. 내 마음이 하나님께 깊이 나갈 때 성령에 이끌리어 손이 올라가기도 합니다.

10. 입술로 찬양 (시편 63:3 ; 119:171)

● 입술로 찬양하는 의미가 무엇입니까?

입술로 찬양하는 것은 자신의 마음을 _____ 로 표현하는 것입니다.

"주여 내 입술을 열어 주소서 내 입이 주를 찬송하여 전파하리이다" (시편 51:15)

마음으로도 찬양할 수 있지만 내 입술로 찬양함으로, 내 힘과 마음을 주님께 드립니다. 마음에 품은 것을 입술로 표현하는 것입니다. 그러므로 입을 열어 하나님을 찬양해야 합니다.

11. 손뼉 치며 찬양 (이사야 55:12)

● 손뼉 치며 찬양하는 이유가 무엇입니까?

손뼉을 치는 것은 손바닥으로 마음의 _____ 을 표현하는 것입니다.

"너희 만민들아 손바닥을 치고 즐거운 소리로 하나님께 외칠지어다" (시편 47:1)

사람은 기쁠 때 손뼉을 칩니다. 손바닥을 치면서 찬양하는 것은 주님에 대한 기쁜 마음의 표시입니다. 마음속에 하나님을 기뻐하므로 찬양할 때 저절로 손뼉을 치게 됩니다. 손뼉은 우리의 기쁨을 표현하는 아름다운 행동입니다.

12. 모든 악기로 찬양 (시편 33:2 ; 57:8 ; 149:3)

● 찬양에 어떤 악기를 사용할 수 있습니까?

찬양을 위해 사용할 수 있는 악기는 _____ 기구들입니다.

"나팔 소리로 찬양하며 비파와 수금으로 찬양할지어다 소고 치며 춤추어 찬양하며 현악과 퉁소로 찬양할지어다 큰 소리 나는 제금으로 찬양하며 높은 소리 나는 제금으로 찬양할지어다" (시편 150:3-5)

하나님을 찬양함에는 하나님께 영광을 돌릴 수 있는 모든 악기를 다 사용하여 찬양합니다. 악기는 시대와 문화에 따라 다를 수 있으나, 하나님을 찬양할 수 있는 것이라면 모든 기구를 다 사용할 수 있습니다.

13. 큰 소리로 외치는 찬양 (시편 66:1,2)

● 언제 큰 소리로 외치는 찬양을 합니까?

  외치는 찬양은 _____ 의 때에 합니다.

  "너희 만민들아 손바닥을 치고 즐거운 소리로 하나님께 외칠지어다" (시편 47:1)

큰 소리로 외치는 찬양은 특별한 기쁨이 넘칠 때나 하나님을 환호하며 부를 때 합니다. 우리의 기쁨의 환호성을 하나님께 올려드리는 찬양입니다.

V. 찬양의 능력

1. 치유의 역사

● 찬양을 통해 어떻게 역사가 일어납니까?

찬양할 때 _____ 이 떠나갑니다.

"하나님께서 부리시는 악령이 사울에게 이를 때에 다윗이 수금을 들고 와서 손으로 탄즉 사울이 상쾌하여 낫고 악령이 그에게서 떠나더라" (사무엘상 16:23)

성령 충만한 다윗이 수금을 탈 때, 사울을 괴롭히던 악신이 떠나갔습니다. 성령으로 충만한 찬양을 할 때 우리 속에 있는 악한 영들이 떠나갑니다. 영적인 기름부으심이 있는 찬양은 상처가 치유되고, 육신의 질병이 떠나가는 능력이 나타납니다. 성령으로 하는 찬양은 하나님의 임재로 인해 사단이 두려워 떠나가기 때문입니다.

2. 하나님의 영광이 임함

● 찬양 속에서 하나님의 임재가 어떻게 나타납니까?

찬양은 _____ 를 초청하게 됩니다.

"나팔 부는 자와 노래하는 자들이 일제히 소리를 내어 여호와를 찬송하며 감사하는데 나팔 불고 제금 치고 모든 악기를 울리며 소리를 높여 여호와를 찬송하여 이르되 선하시도다 그의 자비하심이 영원히 있도다 하매 그 때에 여호와의 전에 구름이 가득한지라 제사장들이 그 구름으로 말미암아 능히 서서 섬기지 못하였으니 이는 여호와의 영광이 하나님의 전에 가득함이었더라" (역대하 5:13, 14)

솔로몬이 성전 건축 후 하나님을 찬양할 때, 하나님의 영광의 구름이 성전 안에 가득하여 제사장들이 능히 서서 섬길 수 없을 정도였습니다. 찬양에는 하나님의 임재로 인한 성령의 기름부으심이 가장 중요합니다. 하나님의 임재가 없는 찬양은 사람이 하는 노래일 뿐입니다.

"이스라엘의 찬송 중에 계시는 주여 주는 거룩하시나이다" (시편 22:3)

3. 영적 전투에서 승리함

● 찬양을 통해 어떻게 영적 전투에 승리합니까?

찬양은 _____ 의 강한 무기입니다.

"백성과 더불어 의논하고 노래하는 자들을 택하여 거룩한 예복을 입히고 군대 앞에서 행진하며 여호와를 찬송하여 이르기를 여호와께 감사하세 그의 인자하심이 영원하도다 하게 하였더니 그 노래와 찬송이 시작될 때에 여호와께서 복병을 두어 유다를 치러 온 암몬 자손과 모압과 세일 산 주민들을 치게 하시므로 그들이 패하였으니"(역대하 20:21,22)

유다의 여호사밧 왕이 적군의 침입으로 위기에 처했을 때, 먼저 찬양대를 세워 하나님께 감사하는 찬양을 드렸습니다. 그때 하나님께서는 복병을 보내어 원수들을 멸하심으로 전쟁에서 승리하게 하셨습니다. 찬양은 영적 전투에 승리하게 하는 강력한 무기입니다.

4. 기적이 일어남

● 찬양 가운데 하나님의 능력이 어떻게 나타납니까?

찬양은 하나님의 _____ 을 가져옵니다.

"한밤중에 바울과 실라가 기도하고 하나님을 찬송하매 죄수들이 듣더라 이에 갑자기 큰 지진이 나서 옥터가 움직이고 문이 곧 다 열리며 모든 사람의 매인 것이 다 벗어진지라"(사도행전 16:25,26)

바울과 실라가 감옥에서 찬양할 때 옥문이 열리고 쇠사슬이 풀어지는 하나님의 능력이 나타났습니다. 고난 가운데 낙담하고 불평하는 것은 원수의 공격에 패배하는 모습입니다. 고난 중에 하나님을 찬양할 때 하나님의 능력으로 악한 원수의 결박이 끊어지는 능력이 나타납니다.

5. 성령의 은사가 임함

● 찬양이 어떻게 성령의 영감을 줍니까?

찬양은 _____ 를 활성화합니다.

"이제 내게로 거문고 탈 자를 불러오소서 하나라 거문고 타는 자가 거문고를 탈 때에 여호와의 손이 엘리사 위에 있더나" (열왕기하 3:15)

찬양은 성령의 은사를 활성화하는 역할을 합니다. 엘리사가 성령의 도움을 위해 거문고를 타게 할 때 성령의 감동하심으로 하나님으로부터 예언이 임했습니다. 찬양을 많이 할 때 악한 원수들이 물러가고 성령의 은사가 풀어집니다.

VI. 정리

1. 하나님께 무엇을 찬양해야 합니까?

2. 찬양을 어떻게 해야 하는지 나누어보세요.

3. 찬양을 통해 어떤 능력이 나타나는지 말해보세요.

Life of
Material

성도의 물질생활은 신앙생활과 밀접한 관계가 있습니다. 하나님을 사랑하는 것과 이 세상 재물을 사랑하는 것은 서로 대적 관계이기 때문입니다. 하나님을 사랑하는 믿음이 강하면 물질 문제에 자유하지만, 하나님을 멀리할수록 물질 문제에 묶이게 됩니다.

이렇게 물질 문제에 묶이면 그 물질이 자기 영혼에 걸림돌이 됩니다. 재물에 마음이 빼앗기면 그로 인해 하나님을 미워하여 신앙을 떠나거나, 형식적인 종교생활에 빠집니다. 그러므로 물질 문제에 자유하기까지 실제적인 신앙이 자라지 않습니다.

하나님께서 주신 물질을 어떻게 사용하느냐에 따라 우리의 신앙이 좌우됩니다. 물질은 하나님을 위해 잘 사용하면 믿음에 큰 유익이 되지만, 세상과 자기만을 위해 사용하게 될 때 그 물질이 신앙에 걸림돌이 됩니다. 같은 물질이 하나님을 위해 사용되면 선하고 귀한 것이 되지만, 이 세상 죄에 사용되면 사단의 악한 도구로 악용됩니다.

그리스도인들은 자기 물질을 하나님 나라와 그 영광을 위해 사용하는 청지기 자세로 살 때 그 물질이 자기 영혼에 복이 됩니다.

Ⅰ. 재물의 개념

이 세상 재물에 대해 성경적인 바른 물질관을 가질 때, 하나님 앞에 바른 신앙을 할 수 있습니다.

1. 모든 재물(財物)은 하나님께 속한 것입니다

● 재물에 대한 그리스도인의 관점이 어떠해야 합니까?

우리가 가진 모든 재물의 진정한 주인은 _____ 입니다.

"은도 내 것이요 금도 내 것이니라 만군의 여호와의 말이니라" (학개 2:8)
"땅과 거기에 충만한 것과 세계와 그 가운데에 사는 자들은 다 여호와의 것이로다" (시편 24:1)

이 세상의 모든 것은 다 하나님이 창조하셨습니다. 그러므로 이 세상에 존재하는 모든 것은 다 하나님의 것입니다. 우리가 가지고 있는 그 어떤 것도 그 원주인은 하나님이시고, 우리 것은 아무것도 없습니다. 우리는 단지 하나님의 것을 잠시 맡아서 관리하고 있는 청지기일 뿐입니다.

청지기는 주인의 재물을 자기 마음대로 사용할 수 없고, 오직 주인의 뜻대로만 사용해야 합니다. 우리의 물질을 오직 하나님이 기뻐하시는 뜻대로만 사용할 때, 그 물질이 우리 인생을 복되게 하는 도구가 됩니다.

"주께서 이르시되 지혜 있고 진실한 청지기가 되어 주인에게 그 집 종들을 맡아 때를 따라 양식을 나누어 줄 자가 누구냐" (누가복음 12:42)

2. 모든 재물은 하나님의 영광을 위해 사용해야 합니다

● 재물을 어떤 기준에서 사용해야 합니까?

자신의 재물을 사용하는 기준은 _____ 의 영광을 위하는 것입니다.

"그런즉 너희가 먹든지 마시든지 무엇을 하든지 다 하나님의 영광을 위하여 하라"
(고린도전서 10:31)

우리에게 맡겨주신 물질을 사용하는 기준은 오직 하나님의 영광을 위한 목적으로 사용하는 것입니다. 그러므로 하나님께서 내게 주신 재물을 하나님이 기뻐하시는 뜻대로 사용할 때, 그 재물로 인해 상이 있으며, 하나님과의 바른 관계가 이루어집니다.

물질을 어디에 심든지 심은 대로 거두게 됩니다. 하나님을 위해 심은 것은 하나님으로부터 선한 열매를 거두고, 자기 육신을 위해 심은 것은 그로부터 썩어질 것을 거두게 됩니다.

"스스로 속이지 말라 하나님은 업신여김을 받지 아니하시나니 사람이 무엇으로 심든지 그대로 거두리라 자기의 육체를 위하여 심는 자는 육체로부터 썩어질 것을 거두고 성령을 위하여 심는 자는 성령으로부터 영생을 거두리라" (갈라디아서 6:7,8)

3. 재물에는 사람의 마음이 들어 있습니다.

● 왜 사람이 재물에 마음이 빼앗깁니까?

우리가 가진 재물에 우리의 _____ 이 들어 있습니다.

"네 보물 있는 그 곳에는 네 마음도 있느니라" (마태복음 6:21)

자기 마음이 있는 곳에 물질을 쓰게 됩니다. 돈은 단순한 물질이 아니라 우리의 마음 중심을 나타내는 지표입니다. 자기의 물질을 어느 곳에, 어떻게 사용하는가를 통해서 자신이 무엇을 중요시하며, 무엇을 위해 사는지 나타냅니다. 하나님을 사랑하고 이웃을 사랑하는 사람은 하나님과 다른 사람을 섬기는 일에 물질을 주로 사용합니다. 그러나 세상을 사랑하는 사람은 이 세상과 자신을 위한 일에 물질을 많이 사용합니다. 하나님의 사람은 자기 물질을 다스려 하나님의 뜻에 굴복시켜야 합니다.

4. 하나님과 재물을 동시에 섬길 수 없습니다

● 성도가 왜 물질 문제에 자유해야 합니까?

재물을 사랑하는 사람은 _____ 을 온전히 섬길 수 없습니다.

"한 사람이 두 주인을 섬기지 못할 것이니 혹 이를 미워하고 저를 사랑하거나 혹 이를 중히 여기고 저를 경히 여김이라 너희가 하나님과 재물을 겸하여 섬기지 못하느니라" (마태복음 6:24)

신앙생활에 가장 큰 걸림돌 중의 하나가 물질 문제입니다. 하나님보다 재물을 더 사랑하면 그 물질이 우상이 되기 때문입니다. 그래서 하나님과 이 세상 재물을 동시에 섬길 수 없습니다. 하나님을 사랑하면 재물을 다스릴 수 있으나, 하나님보다 돈을 더 사랑하면, 하나님을 경홀히 여기며 미워하게 됩니다.

5. 재물은 하늘에 상급을 쌓는 수단입니다

● 이 땅의 재물을 영원히 소유할 수 있는 방법이 무엇입니까?

이 세상의 재물을 영원히 소유하는 방법은 그것을 _____ 에 쌓아두는 것입니다.

"너희를 위하여 보물을 땅에 쌓아 두지 말라 거기는 좀과 동록이 해하며 도둑이 구멍을 뚫고 도둑질하느니라 오직 너희를 위하여 보물을 하늘에 쌓아 두라 거기는 좀이나 동록이 해하지 못하며 도둑이 구멍을 뚫지도 못하고 도둑질도 못하느니라" (마태복음 6:19, 20)

이 세상에서 가지고 있는 재물은 죽을 때 가지고 갈 수 없습니다. 그런데 예수님은 가지고 갈 수 있는 한 가지 방법을 말씀하십니다. 그것은 이 땅의 보물을 하나님 나라를 위해 사용하는 것입니다. 그러면 그것이 하늘에 자신의 상급으로 쌓이기 때문입니다. 이 세상만을 위해 사용한 재물은 썩어 없어질 뿐 하나님 앞에 남는 것이 없습니다.

"내가 너희에게 말하노니 불의의 재물로 친구를 사귀라 그리하면 그 재물이 없어질 때에 그들이 너희를 영주할 처소로 영접하리라" (누가복음 16:9)

6. 돈을 사랑하는 것은 악의 뿌리가 됩니다

● 돈을 사랑하는 사람에게 어떤 위험이 있습니까?

돈을 사랑하는 사람은 ＿＿＿＿ 의 미혹을 받게 됩니다.

"돈을 사랑함이 일만 악의 뿌리가 되나니 이것을 탐내는 자들은 미혹을 받아 믿음에서 떠나 많은 근심으로써 자기를 찔렀도다" (디모데전서 6:10)

이 세상의 많은 죄가 돈과 연관되어 있습니다. 돈은 단순한 물질이 아니라, 그 배후에 사단이 조종하고 있는 영적 세력이 있기 때문입니다. 그러므로 하나님보다 돈을 더 사랑하면 믿음에서 떠나 악한 데로 빠지게 됩니다.

그러나 재물을 이 세상을 위해 사용하지 않고 하나님의 뜻대로 사용할 때, 그 돈을 지배하고 있는 악한 세력이 끊어집니다.

II. 하나님께 드리는 헌물들

1. 십일조

● 십일조는 어떻게 드려야 합니까?

하나님의 자녀가 된 사람의 가장 기본적인 물질생활은 _____ 입니다.

"그리고 그 땅의 십분의 일 곧 그 땅의 곡식이나 나무의 열매는 그 십분의 일은 여호와의 것이니 여호와의 성물이라" (레위기 27:30)

십일조는 소득의 십분의 일을 하나님께 드리는 예물입니다. 이것은 내게 있는 모든 소득이 하나님께로부터 주어졌다는 것을 인정하는 표시이기도 합니다. 십일조와 하나님께 마땅히 드려야 할 헌금을 하지 않는 것은 하나님의 것을 도적질하는 것입니다. 사람의 것을 도적질하는 것도 큰 죄인데 하나님의 것을 도적질하는 것은 저주를 가져오게 하는 큰 죄입니다.

"사람이 어찌 하나님의 것을 도둑질하겠느냐 그러나 너희는 나의 것을 도둑질하고도 말하기를 우리가 어떻게 주의 것을 도둑질하였나이까 하는도다 이는 곧 십일조와 봉헌물이라 너희 곧 온 나라가 나의 것을 도둑질하였으므로 너희가 저주를 받았느니라" (말라기 3:8,9)

십일조는 하나님으로부터 받은 은혜에 감사하는 마음으로 드려야 합니다. 그러므로 십일조는 자기가 하나님 안에서 영적인 양육과 은혜를 받으며, 하나님을 인격적으로 섬기고 있는 그 교회에 드립니다.

2. 감사 예물

● 하나님께 받은 은혜에 대한 감사를 어떻게 표현합니까?

하나님이 주신 은혜에 감사하는 것은 하나님께 그 ＿＿＿ 을 돌려드리는 것이 됩니다.

"예수께서 대답하여 이르시되 열 사람이 다 깨끗함을 받지 아니하였느냐 그 아홉은 어디 있느냐 이 이방인 외에는 하나님께 영광을 돌리러 돌아온 자가 없느냐 하시고" (누가복음 17:17, 18)

감사 예물은 하나님께서 자신에게 베풀어주신 은혜와 사랑에 감사해서 드리는 것입니다. 하나님은 우리가 하나님의 은혜를 받은 것에 대해 감사한 마음을 표현하기를 원하십니다. 왜냐하면 그것은 은혜받은 사람이 가져야 할 마땅한 자세이며, 감사하는 것을 통해 하나님께 영광 돌리기 때문입니다.

하나님의 은혜를 받고도 감사하지 않는 마음을 가질 때 사단이 그 마음에서 기쁨을 빼앗아갑니다. 항상 하나님이 주시는 은혜를 생각하며, 그것에 감사하는 마음을 통해 하나님의 사랑을 풍성하게 누리는 삶을 살 수 있습니다.

"한 여자가 매우 귀한 향유 한 옥합을 가지고 나아와서 식사하시는 예수의 머리에 부으니" (마태복음 26:7)

3. 예배를 위한 예물

● 예배드릴 때마다 해야 하는 것이 무엇입니까?

하나님께 드리는 예배에 중요한 것은 _____ 입니다.

"너의 가운데 모든 남자는 일 년에 세 번 곧 무교절과 칠칠절과 초막절에 네 하나님 여호와께서 택하신 곳에서 여호와를 봐옵되 빈손으로 여호와를 봐옵지 말고 각 사람이 네 하나님 여호와께서 주신 복을 따라 그 힘대로 드릴자니라" (신명기 16:16, 17)

하나님께 제사(예배)드린다는 것은 그 제단에 제물을 드린다는 것입니다. 그러므로 하나님께 예배드리러 나갈 때 빈손으로 나가지 않고, 예물을 준비해서 나가야 합니다. 예물은 보이지 않는 우리의 마음을 하나님께 드리는 표시입니다.

하나님은 물질이 없어서가 아니라, 제물을 통해 드려지는 우리의 마음을 받기 원하십니다.

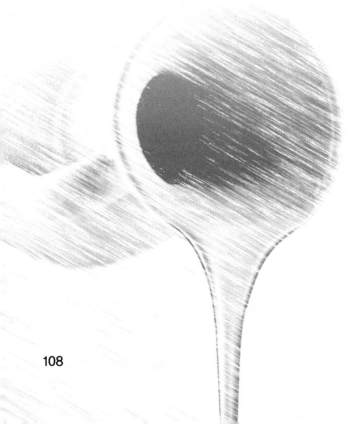

4. 특별 예물

● 하나님의 특별한 사역에 물질을 드리고자 하는 소원을 어떻게 표현할 수 있습니까?

성도들은 하나님이 주신 특별한 소원을 따라 _____ 을 합니다.

1) 건축 헌금

하나님을 사랑하는 성도들에게는 하나님께서 그 마음에 하나님의 전을 건축하고자 하는 소원을 주십니다. 하나님의 전을 사랑하는 사람은 그것을 위해 자기 물질을 사용하는 것을 가장 귀하게 생각합니다.

"마음이 감동된 모든 자와 자원하는 모든 자가 와서 회막을 짓기 위하여 그 속에서 쓸 모든 것을 위하여, 거룩한 옷을 위하여 예물을 가져다가 여호와께 드렸으니 곧 마음에 원하는 남녀가 와서 팔찌와 귀고리와 가락지와 목걸이와 여러 가지 금품을 가져다가 사람마다 여호와께 금 예물을 드렸으며" (출애굽기 35:21, 22)

하나님은 하나님의 성전 건축을 위해 드려지는 헌금은 구별하여 받습니다. 모든 사람의 헌금을 다 받지 않고 오직 하나님의 성전을 사모하여서 기쁨으로 자원하여 드리는 것만 받게 합니다. 물질 자체보다, 하나님의 성전을 사모하는 사람의 마음을 받기 원하시기 때문입니다.

"이스라엘 자손에게 명령하여 내게 예물을 가져오라 하고 기쁜 마음으로 내는 자가 내게 바치는 모든 것을 너희는 받을지니라" (출애굽기 25:2)

하나님은 우리가 이 세상에서 하나님의 성전을 가장 귀하게 여기는 마음을 원하십니다. 자기 집보다 하나님의 성전을 더 중요시하며 우선적으로 살피고 세우기를 바랍니다.

"이 성전이 황폐하였거늘 너희가 이 때에 판벽한 집에 거주하는 것이 옳으냐" (학개 1:4)

"만군의 여호와가 말하노니 너희는 자기의 행위를 살필지니라 너희는 산에 올라가서 나무를 가져다가 성전을 건축하라 그리하면 내가 그것으로 말미암아 기뻐하고 또 영광을 얻으리라 여호와가 말하였느니라" (학개 1:7, 8)

2) 선교 헌금

선교 헌금은 선교 사역에 대한 특별한 소원으로 드리는 헌금입니다. 자신이 직접 하지 못하는 사역을 선교 헌금을 통해 그 마음으로 동참하는 것입니다. 이는 다 하나님께서 기뻐하시는 일을 위해 자기 마음을 물질로 헌신하는 것이 됩니다.

"내게는 모든 것이 있고 또 풍부한지라 에바브로디도 편에 너희가 준 것을 받으므로 내가 풍족하니 이는 받으실 만한 향기로운 제물이요 하나님을 기쁘시게 한 것이라" (빌립보서 4:18)

3) 구제 헌금

구제 헌금은 하나님께서 주신 긍휼의 마음을 따라 구제를 위해 헌금하는 것입니다.

"이는 마게도냐와 아가야 사람들이 예루살렘 성도 중 가난한 자들을 위하여 기쁘게 얼마를 연보하였음이라 저희가 기뻐서 하였거니와 또한 저희는 그들에게 빚진 자니 만일 이방인들이 그들의 영적인 것을 나눠 가졌으면 육적인 것으로 그들을 섬기는 것이 마땅하니라" (로마서 15:26,27)

구제는 자기가 드러나지 않게 은밀하게 해야 합니다. 그러므로 개인적으로 하는 것보다 교회를 통해서 하는 것이 좋습니다.

"너는 구제할 때에 오른손이 하는 것을 왼손이 모르게 하여 네 구제함을 은밀하게 하라 은밀한 중에 보시는 너의 아버지께서 갚으시리라" (마태복음 6:3,4)

4) 특정한 목적 헌금

하나님이 주시는 감동에 의해서 그 때마다 마음의 소원에 따라 하나님 앞에 헌금하는 것입니다.

"주를 기쁘시게 할 것이 무엇인가 시험하여 보라" (에베소서 5:10)

III. 하나님께 드리는 예물의 기준

1. 첫 것을 드립니다

● 하나님께 드리는 예물은 우리의 소득 중 어느 것을 드려야 합니까?

하나님께 드리는 예물은 모든 소득 중에 _____ 을 드립니다.

"네 토지에서 처음 거둔 열매의 가장 좋은 것을 가져다가 너의 하나님 여호와의 전에 드릴지니라…" (출애굽기 23:19a)

가축 중에 처음 태어나는 짐승이나 밭에서 수확되는 첫 것은 다 하나님의 것으로 하나님께 먼저 드려야 합니다. 하나님은 우리에게 주어진 소득을 먼저 하나님께 드린 후에 나머지를 사용하게 합니다. 이것은 우리의 모든 소득을 통해 하나님을 우리의 삶의 첫 자리에 모시는 것입니다.

"네 재물과 네 소산물의 처음 익은 열매로 여호와를 공경하라 그리하면 네 창고가 가득히 차고 네 포도즙 틀에 새 포도즙이 넘치리라" (잠언 3:9,10)

2. 가장 좋은 것을 드립니다

● 하나님께 드릴 예물은 어떤 것을 드려야 합니까?

하나님께 드리는 것은 나에게 있는 가장 _____ 것으로 드립니다.

"마리아는 지극히 비싼 향유 곧 순전한 나드 한 근을 가져다가 예수의 발에 붓고 자기 머리털로 그의 발을 닦으니 향유 냄새가 집에 가득하더라" (요한복음 12:3)

만왕의 왕이신 하나님께 드릴 예물은 가장 귀한 최고의 것으로 드리는 것이 마땅합니다. 하나님이 자기에게 최고인 사람은 자기에게 있는 최고의 것을 하나님께 드립니다.

3. 흠 없는 것으로 드립니다

● 하나님께 드릴 예물의 기준이 어떠해야 합니까?

하나님께 드릴 예물은 _____ 것으로 해야 합니다.

"…여호와께 예물로 드리려거든 기쁘게 받으심이 되도록 소나 양이나 염소의 흠 없는 수컷으로 드릴지니 흠 있는 것은 무엇이나 너희가 드리지 말 것은 그것이 기쁘게 받으심이 되지 못할 것임이니라" (레위기 22:18-20)

하나님께 드리는 예물은 하나님께서 기쁘게 받으실 만한 좋은 것으로 드려야 합니다. 하나님은 흠 있거나 온전치 않은 제물은 받지 않으십니다. 그러므로 부정하게 얻은 재물이나 떳떳하지 못한 예물을 드리지 않아야 합니다. 또한 감사와 기쁜 마음으로 드리지 않는 예물도 받지 않습니다. 하나님은 가인과 아벨의 제사를 구분하는 분이십니다.

"만군의 여호와가 이르노라 너희가 눈 먼 희생제물을 바치는 것이 어찌 악하지 아니하며 저는 것, 병든 것을 드리는 것이 어찌 악하지 아니하냐 이제 그것을 너희 총독에게 드려 보라 그가 너를 기뻐하겠으며 너를 받아 주겠느냐" (말라기 1:8)

IV. 예물을 드리는 방법

1. 자원하는 마음으로 드립니다

● 예물을 드리는 마음이 어떠해야 합니까?

자원하는 예물은 _____ 으로 드리는 것입니다.

"이스라엘 자손에게 명령하여 내게 예물을 가져오라 하고 기쁜 마음으로 내는 자가 내게 바치는 모든 것을 너희는 받을지니라" (출애굽기 25:2)

하나님은 기쁨으로 자원하는 예물을 받으십니다. 하나님께 드리는 헌금은 마음 없이 억지로 하지 않아야 합니다. 하나님은 온 세상 것들이 다 하나님의 것이기 때문에 무엇이 없어서 우리에게 요구하실 필요가 없으십니다. 헌금은 이미 하나님으로부터 받은 은혜에 대해 감사한 마음으로 드려야 합니다.

"산의 모든 새들도 내가 아는 것이며 들의 짐승도 내 것임이로다 내가 가령 주려도 너게 이르지 아니할 것은 세계와 거기에 충만한 것이 내 것임이로다" (시편 50:11, 12)

2. 마음에 정한 대로 드립니다

● 하나님께 드리는 예물의 정도를 어떻게 정합니까?

예물은 하나님이 주신 마음의 _____ 에 따라 드립니다.

"각각 그 마음에 정한 대로 할 것이요 인색함으로나 억지로 하지 말지니 하나님은 즐겨 내는 자를 사랑하시느니라" (고린도후서 9:7)

하나님께 드리고자 하는 예물은 하나님께서 각자의 믿음과 은혜에 따라 자신에게 주신 하나님의 소원에 따라 드립니다.

그러므로 하나님께 드리는 예물을 인색한 마음이나 억지로 드리지 않아야 합니다. 자기에게 주신 하나님의 은혜의 분량대로 힘써 드리면 됩니다.

"각 사람이 네 하나님 여호와께서 주신 복을 따라 그 힘대로 드릴지니라" (신명기 16:17)

3. 힘에 지나도록 드립니다

● 하나님께 드리는 예물은 어느 정도의 기준으로 해야 합니까?

하나님께 드리는 예물은 자기 힘에 _____ 합니다.

"내가 증언하노니 그들이 힘대로 할 뿐 아니라 힘에 지나도록 자원하여" (고린도후서 8:3)

하나님께서 우리의 물질생활을 힘에 지나게 드리라고 하시는 것은 하나님을 사랑하는 마음을 받기 원하시는 것입니다. 힘에 지나게 한다는 것은 우리의 마음과 목숨과 뜻을 다

하여 하나님을 사랑하기를 원하시는 것입니다.

"예수께서 이르시되 네 마음을 다하고 목숨을 다하고 뜻을 다하여 주 너의 하나님을 사랑하라 하셨으니" (마태복음 22:37)

하나님께서 우리를 사랑하시되 자기 아들의 목숨을 죽이시면서까지 사랑하셨기 때문에 우리도 하나님을 그렇게 사랑하기 원하십니다.

4. 미리 준비하여 드립니다

● 하나님께 드리는 예물을 어떻게 준비해야 합니까?

하나님께 드리는 예물은 미리 _____ 하여 드립니다.

"매주 첫날에 너희 각 사람이 수입에 따라 모아 두어서 내가 갈 때에 연보를 하지 않게 하라" (고린도전서 16:2)

"그러므로 내가 이 형제들로 먼저 너희에게 가서 너희가 전에 약속한 연보를 미리 준비하게 하도록 권면하는 것이 필요한 줄 생각하였노니 이렇게 준비하여야 참 연보답고 억지가 아니니라" (고린도후서 9:5)

하나님께 드리는 예물은 소득이 있을 때나 감사한 마음의 소원이 있을 그때 미리 준비하여 드립니다. 하나님을 사랑하는 마음이 하나님께 드리는 예물을 미리 준비하게 합니다.

V. 헌물에 대한 하나님의 약속

1. 하나님의 영광이 됨

● 하나님께서 예물을 어떻게 받으십니까?

하나님께 드려지는 헌물은 하나님을 _____ 합니다.

"내게는 모든 것이 있고 또 풍부한지라 에바브로디도 편에 너희가 준 것을 받으므로 내가 풍족하니 이는 받으실 만한 향기로운 제물이요 하나님을 기쁘시게 한 것이라" (빌립보서 4:18)

하나님의 사역을 위해 드리는 예물은 하나님의 마음을 기쁘시게 하는 향기로운 제물이 됩니다. 자기 물질을 하나님의 영광을 위해 사용했기 때문입니다.

2. 심는 대로 거두게 하심

● 우리가 하나님께 드리는 헌금에는 어떤 영적 원리가 있습니까?

헌금은 하나님 앞에 자신의 물질을 ＿＿＿＿ 것입니다.

"이것이 곧 적게 심는 자는 적게 거두고 많이 심는 자는 많이 거둔다 하는 말이로다" (고린도후서 9:6)

하나님 앞에 드려지는 헌금은 하나님께 물질의 씨를 심는 것입니다. 하나님은 각자 심는 대로 거두게 하십니다. 하나님은 그 심은 씨만 주시는 것이 아니라, 더 넉넉히 먹을 것과 또 다른 심을 씨까지 풍성하게 더하여주십니다.

"심는 자에게 씨와 먹을 양식을 주시는 이가 **너희** 심을 것을 주사 풍성하게 하시고 **너희** 의의 열매를 더하게 하시리니" (고린도후서 9:10)

3. 복을 주심

● 하나님께서 예물 드리는 자를 어떻게 합니까?

하나님은 예물을 드리는 자에게 넘치는 _____ 을 주십니다.

"만군의 여호와가 이르노라 너희의 온전한 십일조를 창고에 들여 나의 집에 양식이 있게 하고 그것으로 나를 시험하여 내가 하늘 문을 열고 너희에게 복을 쌓을 곳이 없도록 붓지 아니하나 보라" (말라기 3:10)

하나님은 하나님께 마음을 다해 예물을 드리는 사람에게 물질의 복을 주십니다. 하나님의 말씀대로 순종하는 사람을 사랑하시기 때문입니다.

"하나님이 능히 모든 은혜를 너희에게 넘치게 하시나니 이는 너희로 모든 일에 항상 모든 것이 넉넉하여 모든 착한 일을 넘치게 하게 하려 하심이라" (고린도후서 9:8)

VI. 정리

1. 물질생활이 신앙생활에 미치는 영향에 대해서 말해보세요.

2. 바른 물질생활로 하나님의 복을 받은 예를 나누어보세요.

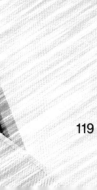

Life of

Saints

7과
성도의 삶

- 사역자와의 관계
  Relationship with Ministers

- 다른 성도와의 관계
  Relationship with Other Saints

- 일상 생활
  Everyday Life

Ⅰ. 하나님의 일꾼(사역자)과의 관계

1. 사역자

1) 하나님이 세우신 일꾼입니다 (로마서 1:1)

● 사역자는 누가 세우는 직분입니까?

사역자는 _____ 이 세우시는 하나님의 일꾼입니다.

" 사람들에게서 난 것도 아니요 사람으로 말미암은 것도 아니요 오직 예수 그리스도와 그를 죽은 자 가운데서 살리신 하나님 아버지로 말미암아 사도 된 바울은" (갈라디아서 1:1)

사역자는 하나님의 뜻으로, 하나님에 의해 세워진 직분입니다. 사람의 뜻으로, 사람에 의해 세워지는, 사람의 종이 아닙니다. 그러므로 하나님이 세우신 그 직분을 존중히 여겨야 합니다.

2) 하나님의 말씀을 대언하는 직분입니다 (예레미야 1:7,9 ; 아모스 3:7 ; 고린도전서 4:1)

● 사역자의 직분이 무엇입니까?

사역자는 하나님의 _____ 을 전하는 직분을 맡았습니다.

"인자야 내가 너를 이스라엘 족속의 파수꾼으로 삼음이 이와 같으니라 그런즉 너는 내 입의 말을 듣고 나를 대신하여 그들에게 경고할지어다" (에스겔 33:7)

하나님은 자기 종을 통해 우리를 향한 하나님의 뜻을 전하게 하십니다. 그러므로 그 말씀을 사람의 말로 듣지 않고, 하나님의 말씀으로 들어야 합니다.

3) 하나님의 복의 통로가 됩니다(마태복음 10:40-42)

● 사역자가 어떻게 성도들의 복의 통로가 됩니까?

하나님에 대한 마음은 _____에 대한 태도에서 나타납니다.

"너를 축복하는 자에게는 내가 복을 내리고 너를 저주하는 자에게는 내가 저주하리니 땅의 모든 족속이 너로 말미암아 복을 얻을 것이라 하신지라" (창세기 12:3)

하나님은 사람들이 자기 종들을 대하는 것에 따라 그들을 대하십니다. 보이지 않는 하나님에 대한 마음은 보이는 하나님의 종들에 대한 태도로 나타나기 때문입니다(출애굽기 16:7,8).

4) 맡기신 영혼을 돌보는 직분입니다 (요한복음 21:15 ; 갈라디아서 4:19)

● 사역자와 성도는 어떤 관계에 있습니까?

사역자는 성도들의 _____ 을 책임지는 직분입니다.

"너희를 인도하는 자들에게 순종하고 복종하라 그들은 너희 영혼을 위하여 경성하기를 자신들이 청산할 자인 것 같이 하느니라 그들로 하여금 즐거움으로 이것을 하게 하고 근심으로 하게 하지 말라 그렇지 않으면 너희에게 유익이 없느니라" (히브리서 13:17)

하나님은 자기 양떼를 자기 종에게 맡기셨습니다(요한복음 21:15). 그러므로 자기를 인도하는 자에게 순종함으로 따를 때 온전하게 양육될 수 있습니다.
자기에게 세워진 영적 리더에게 즐거움이 되고, 근심이 되지 않아야 합니다. 그렇지 않으면 자기 영혼에 유익이 없습니다.

2. 사역자에 대한 자세

1) 하나님의 종을 존중히 여겨야 합니다(데살로니가전서 5:12,13)

● 말씀을 전하는 사역자에 대해 어떤 자세로 대해야 합니까?

성도는 하나님의 일꾼을 _____ 해야 합니다.

"잘 다스리는 장로들은 배나 존경할 자로 알되 말씀과 가르침에 수고하는 이들에게는 다욱 그리할 것이니라" (디모데전서 5:17)

하나님이 세우신 종을 존경해야 합니다. 그것이 자신의 신앙에 유익합니다. 특별히 말씀을 전하는 사람을 존경할 때, 그가 전하는 하나님의 말씀을 바로 받을 수 있습니다.

2) 순종과 신뢰의 자세로 대해야 합니다.

● 자기 신앙을 인도하는 사역자에게 순종해야 하는 이유가 무엇입니까?

성도는 사역자의 사역에 _____ 이 될 때 그 신앙이 유익합니다.

"너희를 인도하는 자들에게 순종하고 복종하라 그들은 너희 영혼을 위하여 경성하기를 자신들이 청산할 자인 것 같이 하느니라 그들로 하여금 즐거움으로 이것을 하게 하고 근심으로 하게 하지 말라 그렇지 않으면 너희에게 유익이 없느니라" (히브리서 13:17)

성도는 사역자에 대해 신뢰와 순종의 관계가 되어야 합니다. 모든 일에 주의 종의 사역에 기쁨이 되고, 근심이 되지 않는 것이 자신의 영혼에 유익합니다. 자신의 영적인 상태는 사역자와의 관계에서 나타납니다.

3) 주의 종을 위해 기도해야 합니다(사도행전 4:29-31 ; 12:5).

● 사역자에 대해 성도가 힘써야 할 영적 책임이 무엇입니까?

성도는 사역자를 위해 _____ 를 해야 합니다.

"또한 우리를 위하여 기도하되 하나님이 전도할 문을 우리에게 열어 주사 그리스도의 비밀을 말하게 하시기를 구하라 내가 이 일 때문에 매임을 당하였노라" (골로새서 4:3)

성도는 하나님의 사역을 하는 주의 일꾼을 위해 중보기도 해야 합니다. 사단은 교회 일 꾼을 공격하는 것으로 하나님의 사역을 막기 때문입니다. 주의 일꾼을 위해 기도하는 것 은 그의 사역에 함께 동참하여, 같은 상급을 받습니다(마태복음 10:41, 42).

4) 인간적인 관계를 피하고, 신앙적인 관계성을 가져야 합니다(갈라디아서 6:7,8).

● 사역자와 성도와의 관계가 어떠해야 합니까?

성도는 사역자와 _____ 관계를 가져야 합니다.

"예수께서 돌이키시며 베드로에게 이르시되 사탄아 내 뒤로 물러가라 너는 나를 넘어지게 하는 자로다 네가 하나님의 일을 생각하지 아니하고 도리어 사람의 일을 생각하는도다 하시고" (마태복음 16:23)

사역자와 성도는 예수 그리스도를 중심으로 하는 영적 관계가 되어야 합니다. 성도들 이 사역자를 인간적인 관계로 대하면, 영적인 관계가 어렵게 됩니다. 사역자와 사사로운 인간적인 이해관계를 떠나 하나님의 영광을 위한 영적인 관계성을 가져야 합니다.

5) 모든 좋은 것으로 함께합니다 (로마서 15:27)

● 가르침 받는 일꾼에 대한 자세가 어떠해야 합니까?

자기를 말씀으로 가르치는 자와 _____ 을 함께합니다.

"가르침을 받는 자는 말씀을 가르치는 자와 모든 좋은 것을 함께하라" (갈라디아서 6:6)

성도는 자신에게 영적인 말씀을 가르치는 자와 모든 좋은 것으로 함께합니다. 영적 지도자로부터 영적인 좋은 것을 받는 사람은 그에 감사하는 마음으로 섬기는 것이 마땅합니다(로마서 15:27). 하나님의 일꾼을 섬긴 사람은 자신의 쓸 것을 하나님으로부터 채움 받습니다(빌립보서 4:17-19).

세상에 속한 사람은 자기에게 육적인 도움을 준 사람을 존중히 여기나, 영적인 것을 중요시 하는 사람은 영적인 말씀을 주는 사람을 존중히 여깁니다.

6) 비방, 판단, 대적하지 않아야 합니다(민수기 12:8-10 ; 신명기 17:12)

● 사역자에 대해 주의해야 할 것이 무엇입니까?

자기에게 세워진 사역자를 _____ 하지 말아야 합니다.

"이르시기를 나의 기름 부은 자를 손대지 말며 나의 선지자들을 해하지 말라 하셨도다" (시편 105:15)

하나님이 세우신 주의 종을 판단하며 대적하는 것은 하나님의 권위에 대적하는 것입니다(민수기 12:8-10). 주의 종은 사람에 의해서가 아니라, 오직 하나님으로부터만 판단받습니다(고린도전서 4:3,4).

II. 다른 성도와의 관계

1. 그리스도 안에서 지체된 형제, 자매로 대합니다

● 그리스도 안에서의 가족관이 어떠합니까?

그리스도 안에서 영적인 가족은 주님을 믿는 _____ 입니다.

"누구든지 하늘에 계신 내 아버지의 뜻대로 하는 자가 내 형제요 자매요 어머니이니라 하시더라" (마태복음 12:50)

성도는 그리스도를 머리로 하는 같은 몸의 지체이며, 하나님의 자녀가 된 영적인 가족입니다. 그리스도 안에서 성도들의 관계는 자신의 혈육보다 가까운 관계입니다.

육신의 가족은 이 땅에 있을 동안만 존재하지만, 영적인 가족은 영원히 함께 살 영원한 가족이기 때문입니다. 또한 육신의 가족은 육신적인 것만 나눌 수 있는 데 비해, 그리스도 안에서의 가족은 이 세상에서는 줄 수 없는 영적인 생명력을 서로 나눌 수 있기 때문입니다.

"너희는 그리스도의 몸이요 지체의 각 부분이라" (고린도전서 12:27)

2. 다른 사람을 존중해야 합니다

● 다른 성도들을 어떻게 대해야 합니까?

성도는 다른 지체를 _____ 으로 대합니다.

"형제를 사랑하여 서로 우애하고 존경하기를 서로 먼저 하며" (롬 12:10)

그리스도인은 서로 사랑하며, 다른 지체를 존경하는 자세로 대해야 합니다. 아무리 부족한 사람이라도 하나님은 죄인이 구원받은 그 자체를 귀히 여기고, 기뻐하시기 때문입니다. 그리스도 안에서 한 몸의 지체끼리 서로 사랑으로 동역해야 그리스도의 몸을 온전하게 세울 수 있습니다.

3. 다른 성도에게 배우고자 하는 자세로 대합니다

● 다른 성도들을 대하는 자세가 어떠해야 합니까?

다른 성도로부터 _____ 자세를 가집니다.

"너희는 다 모든 사람으로 배우게 하고 모든 사람으로 권면을 받게 하기 위하여 하나씩 하나씩 예언할 수 있느니라" (고린도전서 14:31)

아무도 완전한 사람은 없습니다. 몸의 한 지체가 모든 기능을 다 가지고 있지 않기 때문입니다. 내게 부족한 것은 다른 지체를 통해 동역하게 하려는 하나님의 계획입니다. 그래서 교회 안에서 모든 성도들이 서로에게 배우면서, 함께 동역하는 신앙을 해야 합니다.

4. 남을 섬기고자 하는 자세로 대합니다

● 섬김에 대한 하나님의 원리가 어떠합니까?

교회 안에서는 ＿＿＿＿＿ 자가 큰 사람입니다.

"너희 중에는 그렇지 않을지니 너희 중에 누구든지 크고자 하는 자는 너희를 섬기는 자가 되고 너희 중에 누구든지 으뜸이 되고자 하는 자는 모든 사람의 종이 되어야 하리라" (마가복음 10:43, 44)

하나님 나라에서는 섬기는 자가 큰 자이며, 섬김받는 자가 낮은 자입니다. 그래서 섬기는 자는 신앙 인격이 성숙하지만, 섬김만 받는 자는 그 인격이 자라지 않습니다. 하나님 나라의 원리는 이 세상과 반대이기 때문입니다. 그래서 세상의 원리로 교회생활을 하면 신앙에 걸림이 되는 일이 많습니다.

5. 남의 허물을 용서하는 마음을 가집니다

● 왜 남의 허물을 용서해야 합니까?

다른 사람의 허물을 _____ 하는 것은 그 사람과 묶인 결박을 푸는 것입니다.

"너희가 사람의 잘못을 용서하면 너희 하늘 아버지께서도 너희 잘못을 용서하시려니와 너희가 사람의 잘못을 용서하지 아니하면 너희 아버지께서도 너희 잘못을 용서하지 아니하시리라" (마태복음 6:14, 15)

남의 죄를 용서하지 못할 때 내 영혼이 그 사람과 영적으로 묶입니다. 다른 사람과 영적으로 묶이면, 내 영이 하나님과 묶여 영적 감옥에 갇힙니다(마태복음 5:25, 26).

남의 허물을 용서하지 못하는 것은 아직 자기 죄를 하나님 앞에 용서함 받지 못했기 때문입니다. 예수님의 죄사함을 받은 사람만이 남의 허물을 용납하고 사랑할 수 있기 때문입니다. 예수님께서 나의 죄를 용서해주신 그 은혜를 기억할 때 다른 사람의 죄를 용서할 수 있습니다.

6. 다른 사람과 비교하지 않아야 합니다

● 남과 비교하는 것이 왜 옳지 않습니까?

하나님은 모든 인간에게 각각 다른 _____ 를 주셨습니다.

"그러나 이제 하나님이 그 원하시는 대로 지체를 각각 몸에 두셨으니 만일 다 한 지체뿐이면 몸은 어디냐" (고린도전서 12:18, 19)

다른 사람을 비교하며, 시기하고, 판단하지 말아야 합니다. 각각 다른 기능을 가진 몸의 지체인 눈, 귀, 손, 발, 장기들이 서로 우열을 비교할 수 없습니다. 모든 기관이 몸을 위해서는 귀중한 존재이기 때문입니다.

하나님은 우리를 각각 다르게 지으시고, 각기 다른 기능을 위해 다른 은사를 주셨습니다. 오직 부르신 그대로 감사하며, 자기 일에 충성해야 합니다.

7. 성도의 관계는 순수한 신앙적 관계라야 합니다

● 성도들과의 관계에서 왜 인간적인 사욕을 버려야 합니까?

성도의 사사로운 욕심은 관계에 _____ 을 가져옵니다.

"마음이 부패하여지고 진리를 잃어버려 경건을 이익의 방도로 생각하는 자들의 다툼이 일어나느니라" (디모데전서 6:5)

교회는 영적인 지체의 관계이므로, 거기에 인간적인 욕심이 개입하면 시험이 옵니다. 신앙의 동기와 목적이 순수해야 교회와 사람들에게 거침이 되지 않고, 거룩하게 됩니다 (고린도전서 10:31-33). 신앙을 세상적인 이해관계나, 이성적인 감정이나, 물질적인 동기에서 하면 사단의 방해를 받습니다(야고보서 4:1-4).

8. 금전적인 관계를 삼가야 합니다

● 교회에서 왜 금전 거래를 금해야 합니까?

돈을 사랑하는 것은 _____ 의 뿌리가 됩니다.

"부하려 하는 자들은 시험과 올무와 여러 가지 어리석고 해로운 욕심에 떨어지나니 곧 사람으로 파멸과 멸망에 빠지게 하는 것이라 돈을 사랑함이 일만 악의 뿌리가 되나니 이것을 탐내는 자들은 미혹을 받아 믿음에서 떠나 많은 근심으로써 자기를 찔렀도다" (디모데전서 6:9, 10)

교회 안에서 성도 간에 금전 거래를 삼가야 합니다. 서로 돕는 선한 동기로 시작해도 후에 사단이 그것을 악용하기 때문입니다. 돈에는 사람의 욕심이 따르기 때문에 사단이 그 마음을 미혹하여 사람을 이간시킵니다. 그러므로 교회 안에서는 금전과 관련된 사사로운 일을 도모하지 않아야 합니다.

III. 일상생활

1. 매일 말씀과 기도의 삶을 유지해야합니다.

● 성도의 하루 일과가 어떻게 시작되어야 합니까?

일상생활에 요구되는 두 가지 중요한 요소는 _____ 입니다.

"오직 여호와의 율법을 즐거워하여 그의 율법을 주야로 묵상하는도다" (시편 1:2)

성도는 매일 영적인 양식인 하나님의 말씀을 먹고, 영혼의 호흡인 기도를 통해 영적 생명을 유지해야 합니다. 매일 아침 첫 시간을 하나님 앞에 드리는 것을 규칙적으로 할 때 나의 신앙이 강건하게 됩니다(마가복음 1:35). 기도하지 않는 신앙은 사단의 유혹과 시험을 이길 수 없어 넘어집니다(누가복음 22:40).

2. 죄를 회개함으로 자신을 깨끗이 해야 합니다

● 성도가 항상 갖추어야 할 영적 자세가 무엇입니까?

날마다 우리를 죄에서 깨끗하게 하는 것은 _____ 입니다.

"만일 우리가 우리 죄를 자백하면 그는 미쁘시고 의로우사 우리 죄를 사하시며 우리를 모든 불의에서 깨끗하게 하실 것이요" (요한일서 1:9)

죄는 우리의 영혼을 더럽히며, 하나님과 원수 되게 합니다. 하나님과 친밀한 관계를 위해 자기 죄를 회개하는 삶을 살아야 합니다. 거룩하신 하나님 앞에 양심에 걸리는 것이 없어야 하나님과 가까이할 수 있습니다.

3. 영적으로 충만한 사람과 교제합니다

● 영적인 교제가 왜 중요합니까?

경건한 신앙생활을 위해서는 영적으로 _____ 사람과 교제하기를 힘써야 합니다.

"또한 너는 청년의 정욕을 피하고 주를 깨끗한 마음으로 부르는 자들과 함께 의와 믿음과 사랑과 화평을 따르라" (디모데후서 2:22)

영적으로 충만한 사람과의 교제는 자기 영혼을 풍성하게 합니다. 사람은 자기가 가까이하는 그 사람의 영향을 받습니다. 영적인 상태가 어두운 사람을 피하고, 영적으로 성숙한 사람과 가까이하기에 힘써야 합니다.

4. 영적으로 어두운 것을 피합니다

● 성도가 피해야 할 것이 무엇입니까?

빛의 자녀인 그리스도인은 _____ 을 피해야 합니다.

"예수께서 또 말씀하여 이르시되 나는 세상의 빛이니 나를 따르는 자는 어둠에 다니지 아니하고 생명의 빛을 얻으리라" (요한복음 8:12)

예수 그리스도의 사람은 어둠을 피하여 빛 가운데 거해야 합니다. 악하고 어두운 장소나, 그러한 사람과 함께하면 우리 영혼이 더럽혀집니다. 그러므로 우상이나 악한 영이 역사하는 장소나, 그러한 것에 관계된 사람은 피해야 합니다.

점을 보는 곳, 무당을 찾는 일, 제사 지내는 것을 피해야 합니다. 또한 주술을 행하는 곳, 사술과 이단의 집회, 술집이나 오락장, 영화관이나 음란한 장소 등 영적으로 좋지 않은 곳을 피해야 합니다.

"이제 내가 너희에게 쓴 것은 만일 어떤 형제라 일컫는 자가 음행하거나 탐욕을 부리거나 우상 숭배를 하거나 모욕하거나 술 취하거나 속여 빼앗거든 사귀지도 말고 그런 자와는 함께 먹지도 말라 함이라" (고린도전서 5:11)

5. 영적인 모임에 적극적으로 참여해야 합니다

● 왜 모이기에 힘써야 합니까?

성도들이 모이는 곳에는 _____ 이 함께합니다.

"모이기를 폐하는 어떤 사람들의 습관과 같이 하지 말고 오직 권하여 그 날이 가까움을 볼수록 더욱 그리하자" (히브리서 10:25)

영적인 사람들의 모임에 적극적으로 참여할 때, 그곳에 임하는 성령의 기름부으심을 받는 기회가 됩니다(시편 133:1-3).

예배, 성경공부, 셀 모임, 전도 모임, 교제 모임, 기도 모임, 수련회, 찬양 집회, 봉사 모임 등에는 성령이 함께하시기 때문입니다.

"두세 사람이 내 이름으로 모인 곳에는 나도 그들 중에 있느니라" (마태복음 18:20)

6. 거룩한 삶을 추구해야 합니다

● 거룩한 삶을 어떻게 유지할 수 있습니까?

성도의 삶은 _____ 로 거룩하게 됩니다.

"오직 너희를 부르신 거룩한 이처럼 너희도 모든 행실에 거룩한 자가 되라 기록되었으되 내가 거룩하니 너희도 거룩할지어다 하셨느니라" (베드로전서 1:15,16)

신자는 세상에 속한 옛 사람의 습관을 끊고, 하나님 앞에 구별된 삶을 살아야 합니다. 술, 담배, 거짓, 음란, 오락, 악한 말 등의 나쁜 습관을 끊어야 합니다. 그런 것들이 우리의 영혼을 더럽히기 때문입니다. 성도의 몸은 성령님이 거하시는 거룩한 성전입니다(고린도전서 6:19). 자기의 몸을 성령님이 거하실 수 있는 거룩하고 정결한 상태로 유지해야 합니다.

7. 하나님 말씀에 순종해야 합니다

● 주님이 인정하는 신앙을 하는 사람은 어떤 사람입니까?

하나님이 인정하는 사람은 말씀을 듣고, 그 뜻대로 _____ 하는 사람입니다.

"나더러 주여 주여 하는 자마다 다 천국에 들어갈 것이 아니요 다만 하늘에 계신 내 아버지의 뜻대로 행하는 자라야 들어가리라" (마태복음 7:21)

마지막 때 하나님의 심판은 하나님의 말씀을 듣고 순종한 여부로 결정됩니다. 그 때 하나님의 말씀을 듣기만 하고 행하지 않는 사람은 천국에 들어가기가 어렵습니다. 바른 신앙은 열심히 하는 것보다 하나님의 뜻대로 행하는 것입니다.

8. 부정적이고, 비판적인 것을 버리고, 긍정적이고, 적극적인 자세를 가져야 합니다

● 왜 부정적인 자세를 버려야 합니까?

하나님께서 성도에게 주어지는 모든 일이 합력하여 _____ 을 이루게 해주십니다.

"우리가 알거니와 하나님을 사랑하는 자 곧 그의 뜻대로 부르심을 입은 자들에게는 모든 것이 합력하여 선을 이루느니라" (로마서 8:28)

하나님은 우리를 사랑하시며, 좋은 것을 주기 원하십니다. 그러므로 어떤 어려운 문제에도 긍정적이고 소망이 있는 믿음을 가져야 합니다. 우리를 사랑하시는 하나님께서 모든 일이 합력하여 선을 이루실 것을 믿기 때문입니다. 그러므로 아무리 어려운 일이 있어도 불평, 원망, 낙담하는 말을 하지 않아야 합니다(민수기 13:30-14:3).

"다만 이뿐 아니라 우리가 환난 중에도 즐거워하나니 이는 환난은 인내를, 인내는 연단을, 연단은 소망을 이루는 줄 앎이로다" (로마서 5:3, 4)

9. 훈련받는 자세를 가져야 합니다

● 왜 신앙을 훈련받아야 합니까?

우리의 신앙은 _____ 을 통해서 성장합니다.

"너희 믿음의 확실함은 불로 연단하여도 없어질 금보다 더 귀하여 예수 그리스도께서 나타나실 때에 칭찬과 영광과 존귀를 얻게 할 것이니라" (베드로전서 1:7)

우리의 신앙은 훈련을 통해 강해지며, 강해진 믿음만큼 하나님이 사용하십니다. 그러므로 하나님 앞에서 훈련받는 자세로 신앙해야 합니다. 믿음은 고난과 핍박을 통해 강하게 성장합니다. 많은 시험을 통과한 신앙일수록 믿음이 강합니다. 고난을 피해가는 신앙은 온상 속에 화초와 같이 허약합니다.

Ⅳ. 정리

1. 성도와 사역자와의 관계가 어떠해야 합니까?

2. 교회에서 다른 성도와 어떤 관계를 가져야 합니까?

교회 생활 가이드 답안지

GUIDE TO CHURCH FELLOWSHIP Q&A

1과 교회

Ⅰ. 교회의 의미

　1. 교회는 어떤 곳입니까?

　교회는 　성도들의 모임　 입니다.

Ⅱ. 교회에서 하는 일

　1. 하나님께 예배드립니다

　● 하나님은 어떤 사람을 찾으십니까?

　하나님은 　예배자　 를 찾으십니다.

　2. 하나님의 말씀을 가르칩니다

　● 사람이 어떻게 구원받을 수 있습니까?

　사람은 예수 그리스도의 　말씀　 으로 구원받을 수 있습니다.

　● 그리스도인의 신앙이 어떻게 자랍니까?

　그리스도인은 　말씀　 을 통해 그 신앙이 성장합니다.

　● 하나님의 말씀의 능력이 어떻게 나타납니까?

　하나님의 말씀은 우리의 　영, 혼, 육　 을 치유합니다.

　3. 하나님께 기도합니다

　● 하나님의 교회는 어떤 곳입니까?

　하나님의 교회는 　기도　 하는 곳입니다.

4. 성도 간에 교제합니다

● 교회 안에서 성도들 간에 힘써야 할 일이 무엇입니까?

성도들의 풍성한 신앙생활은 성도들 간의 __교제__ 를 통해서 이루어집니다.

5. 하나님을 위해 봉사(섬김)의 일을 합니다

● 성도들이 교회를 위해 해야 할 것이 무엇입니까?

성도는 하나님의 교회를 위해서 __봉사__ 의 일을 합니다.

6. 하나님께 찬양드립니다

● 성도들이 하나님께 감사로 드려야 할 것이 무엇입니까?

성도들은 하나님께 __찬양__ 으로 영광을 올려 드려야 합니다.

7. 전도합니다

● 교회가 믿지 않는 세상을 향해 해야 할 일이 무엇입니까?

교회는 __전도__ 로 영혼을 구원하는 일을 합니다.

Ⅲ. 교회생활의 중요성

1. 영적인 보호를 받음

● 교회의 영적 권세가 무엇입니까?

교회는 __사단__ 의 권세가 이길 수 없는 곳입니다.

2. 성도의 신앙을 온전하게 함

● 교회의 성도는 서로 어떤 관계입니까?

교회 안에서 성도들은 서로 몸의 __지체__ 관계입니다.

3. 세상의 빛이 됨

● 교회와 세상은 어떤 관계에 있습니까?

교회는 이 세상의 모든 어둠의 실체를 드러내는   빛   의 역할을 합니다.

2과 예배

Ⅰ. 예배의 대상

　1. 예배의 대상은 누구입니까?

　사람은 오직   하나님   만 섬겨야 합니다.

Ⅱ. 주일 성수의 중요성

　1. 주일을 지키는 기준이 어떠합니까?

　주일에는   세상 일   을 하지 말아야 합니다.

　2. 주일을 범하는 자에게 어떤 심판이 있습니까?

　하나님은 안식일을 범하는 자를   죽이게   합니다.

　3. 주일은 어떤 날입니까?

　안식일은 하나님께서 사람들에게   복   을 주시는 날입니다.

Ⅲ. 예배자의 자세

1. 하나님에 대한 믿음

● 하나님께 나가는 예배자의 자세가 어떠해야 합니까?

예배에 나가는 자는 하나님에 대한 __믿음__ 을 가져야 합니다.

2. 겸손한 마음

● 하나님은 어떤 사람에게 말씀을 깨닫게 하십니까?

하나님은 자신을 __낮추는__ 사람에게 자신을 알려주십니다.

● 하나님은 어떤 사람에게 은혜를 주십니까?

하나님은 __겸손한__ 사람에게 은혜를 주십니다.

3. 열린 마음

● 예배자는 예배에 어떤 마음을 가지고 나와야 합니까?

예배자는 하나님 앞에 __열린__ 마음을 가져야 합니다.

● 예배자는 하나님이 하시는 일에 어떻게 응답해야 합니까?

예배자는 하나님의 말씀에 대해 __아멘__ 으로 하나님께 영광을 돌립니다.

4. 사모하는 마음

● 하나님은 어떤 사람의 마음에 응답하십니까?

하나님은 예배자에게 __사모하는__ 마음을 원하십니다.

● 하나님을 만나기 위해 어떤 자세로 예배를 드려야 합니까?

하나님은 자기를 간절히 __찾는 자__ 를 만나주십니다.

5. 회개하는 마음

● 하나님은 어떤 마음으로 예배를 드리기 원하십니까?

하나님은 예배자의 상한 마음을 원하십니다.

● 하나님 앞에 나가는 자가 먼저 해야 할 것이 무엇입니까?

예배자가 하나님 앞에 먼저 해야 할 일은 자기 죄를 회개 하는 것입니다.

6. 하나님이 하시는 말씀으로 들음

● 하나님의 말씀을 듣는 자세가 어떠해야 합니까?

예배자는 설교자의 말씀을 들을 때 하나님의 말씀 으로 들어야 합니다.

7. 순종의 자세

● 예배자가 가장 중요시해야 할 것이 무엇입니까?

하나님이 예배자에게 원하시는 것은 순종 입니다.

● 예배 때 주시는 말씀을 어떻게 확증 받을 수 있습니까?

예배 때 선포되는 말씀은 순종 을 통해서 깨달아집니다.

IV. 예배드리는 방법

1. 영과 진리로 드림

● 하나님은 어떤 예배자를 찾으십니까?

하나님은 영적 예배자를 찾으십니다.

2. 예물을 준비하여 드림

● 예배에 나가는 자는 무엇을 준비해야 합니까?

예배자는 하나님께 예물 을 드립니다.

3. 마음 중심을 드림

● 예배자가 예배 시간에 어떻게 중심을 드려야 합니까?

하나님께 드리는 예배를 위해 자신의 귀중한 　시간　 을 드립니다.

● 예배자가 예배 전에 어떤 마음 상태를 준비해야 합니까?

예배자는 온 마음을 다해 하나님을 　사랑하는　 마음을 가지고 나와야 합니다.

● 예배자가 온전한 예배를 드리기 위해 어떻게 준비해야 합니까?

예배자는 예배 준비를 위해서 　예비일　 을 가집니다.

● 예배자의 복장은 어떠해야 합니까?

예배자의 복장은 교회에 　덕　 을 세우는 기준으로 합니다.

3과 기도

I. 기도의 의미

　1. 기도는 무엇을 하는 것입니까?

　기도는 하나님과 　교제　 하는 것입니다.

II. 기도의 목적

　1. 하나님의 말씀에 순종하기 위함

　● 기도에 대한 하나님의 말씀이 어떠합니까?

　기도하는 것은 하나님의 　명령　 입니다.

2. 하나님의 계획을 알기 위함

● 우리가 하나님의 뜻을 어떻게 알 수 있습니까?

우리를 향하신 하나님의 계획은 <u>기도</u> 를 통해 알 수 있습니다.

3. 하나님의 지혜를 얻기 위함

● 우리가 기도하는 하나님은 어떤 분이십니까?

하나님이 주시는 지혜는 <u>기도</u> 를 통해 얻을 수 있습니다.

4. 영적인 능력을 받기 위함

● 기도를 통해 어떤 영적 능력을 받습니까?

기도하는 자에게는 <u>영적 능력</u> 을 받게 됩니다.

5. 하나님의 도우심을 받기 위함

● 우리의 어려운 문제를 어떻게 해결할 수 있습니까?

기도는 하나님의 도우심을 받을 수 있는 <u>통로</u> 입니다.

6. 시험에 들지 않기 위함

● 마귀의 공격을 어떻게 막을 수 있습니까?

기도는 마귀의 <u>시험</u> 을 막아줍니다.

Ⅲ. 기도하는 방법

1. 하나님만 상대로 기도함

● 기도의 대상이 누구입니까?

우리가 의지하는 기도의 대상은 오직 <u>하나님</u> 뿐입니다.

2. 하나님의 뜻대로 기도함

● 하나님은 어떤 기도에 응답하십니까?

우리의 기도는 ___하나님의 뜻___ 에 합당해야 합니다.

3. 하나님 말씀에 순종할 자세로 기도함

● 말씀에 대한 기도자의 자세가 어떠해야 합니까?

기도자는 먼저 하나님의 말씀에 ___순종___ 하는 삶을 살아야합니다.

4. 믿음으로 기도해야 함

● 기도자가 먼저 가져야 할 조건이 무엇입니까?

기도할 때 ___믿음___ 으로 기도해야 합니다.

5. 예수님의 이름으로 기도함

● 우리가 무엇에 근거해서 하나님께 기도할 수 있습니까?

우리의 기도 응답의 근거는 ___예수이름___ 으로 구하는 것에 있습니다.

IV. 기도의 내용

1. 하나님의 은혜에 대한 감사와 찬양

● 하나님께 기도할 때 먼저 해야 할 내용이 무엇입니까?

기도할 때에 가장 먼저 해야 할 것은 ___하나님을 찬양___ 하는 것입니다.

2. 자신의 죄 고백과 용서를 구함

● 기도할 때 자신에 대해 먼저 무엇을 구해야 합니까?

기도할 때 먼저 다른 사람과 묶인 것을 ___용서___ 해야 합니다.

3. 하나님 나라를 먼저 구함

● 기도할 때 무엇을 먼저 구해야 합니까?

기도할 때에 하나님께 먼저 구할 것은 <u>하나님의 일</u> 입니다.

4. 자신에 관한 간구

● 기도할 때 우리의 어떠한 것을 구해야 합니까?

자신을 위해 구할 것은 <u>일용할 양식</u> 입니다.

4과 교제

I. 교제의 목적

1. 교제의 목적이 무엇입니까?

교제는 그리스도 안에서 성도 간의 영적인 <u>사귐</u> 입니다.

II. 교제의 형성

1. 교제를 위해 먼저 어떻게 해야 합니까?

교제는 성도 간에 <u>만남</u> 을 통해 이루어집니다.

III. 교제의 성격

1. 성도들 간에 교제의 기초가 무엇입니까?

성도 간의 교제의 기본은 <u>십자가</u> 의 믿음입니다.

Ⅳ. 교제하는 자세

1. 열린 마음

● 어떤 사람이 그리스도 안에서 교제할 수 있습니까?

교제는 빛 가운데 자신을 드러낼 수 있는 <u>열린</u> 마음이 있어야 합니다.

2. 예수 그리스도 중심의 마음

● 교제의 목적이 무엇입니까?

성도의 교제 목적은 하나님의 <u>영광</u> 을 드러내는 것입니다.

3. 정직한 마음

● 교제에 필요한 마음이 무엇입니까?

성도의 교제에 요구되는 것은 <u>정직한</u> 인격입니다.

4. 겸손한 자세

● 교제 시 요구되는 것이 무엇입니까?

교제할 때 <u>겸손한</u> 마음 자세로 해야 합니다.

5. 섬기는 자세

● 교제할 때 다른 사람의 연약한 점에 대해 어떤 자세를 가져야 합니까?

교제할 때 다른 사람의 연약함을 사랑으로 <u>섬기는</u> 마음을 가져야 합니다.

6. 서로 덕을 세우는 자세

● 교제할 때 지켜야 할 덕이 무엇입니까?

교제 시 주의해야 할 것은 교회와 성도들에게 <u>덕</u> 을 세우는 것입니다.

7. 믿음의 분량에 맞게 함

● 교제의 내용과 그 정도를 어떻게 해야 합니까?

성도 간의 교제의 정도는 __믿음의 분량__ 에 따라 정해집니다.

8. 용서의 마음

● 교제할 때 상대방의 죄를 다루는 데 필요한 것이 무엇입니까?

교제하는 사람은 먼저 예수 그리스도의 __죄사함__ 의 체험이 있어야 합니다.

V. 교제의 내용

1. 서로의 삶을 나눔

● 교제할 때 자신의 삶을 어떤 관점에서 나누어야 합니까?

교제는 모든 것을 __예수 그리스도__ 중심으로 나누어야 합니다.

2. 서로의 죄를 고백함

● 교제할 때 자기 죄를 나눌 수 있는 근거가 무엇입니까?

죄를 고백하는 교제는 __주님의 용서__ 를 믿는 믿음으로 해야 합니다.

3. 권면의 말을 함

● 교제할 때 어떤 것을 권면해야 합니까?

교제 시 다른 사람에게 필요한 __위로와 권면__ 의 일을 합니다.

4. 경책함

● 교제할 때 경책의 유익이 무엇입니까?

교제를 통해 잘못된 죄에 대해서는 __책망__ 합니다.

5. 감사와 찬양

● 교제의 궁극적인 목표와 기대가 무엇입니까?

모든 교제의 결국은 <u>하나님을 찬양</u> 하는 것을 목표로 합니다.

VI. 교제의 유익

1. 풍성한 은혜의 삶

● 다른 사람과 교제를 통해 얻는 유익이 무엇입니까?

교제는 우리의 신앙생활을 <u>풍성하게</u> 합니다.

2. 온전한 신앙 인격 형성

● 교제를 통해 우리의 신앙 인격에 어떤 유익이 있습니까?

교제는 우리의 신앙 인격을 <u>온전하게</u> 합니다.

3. 죄사함

● 교제가 죄 문제 해결에 어떤 영향을 줍니까?

교제를 통해 죄의 세력이 <u>소멸</u> 됩니다.

4. 문제 해결

● 교제가 우리의 문제에 어떤 역할을 합니까?

교제는 그리스도인들의 많은 문제를 <u>해결</u> 해줍니다.

5. 격려와 위로

● 교제가 고난 받는 사람에게 어떤 도움을 줍니까?

교제는 세상 악과 싸우는 그리스도인에게 <u>위로와 격려</u> 를 줍니다.

5과 찬양

I. 찬양의 의미

　1. 우리가 하나님을 찬양해야 할 근거가 무엇입니까?

　찬양은 사람이 하나님께 마땅히 드려야 할 　사명　 입니다.

II. 찬양의 목적

　1. 하나님을 경배함

　● 찬양의 목적이 무엇입니까?

　찬양은 하나님을 　경배　 하는 것입니다.

　2. 하나님께 드리는 제사

　● 찬양과 예배는 어떤 관계입니까?

　찬양은 곧 하나님께 드리는 거룩한 　예배　 입니다.

　3. 감사와 기쁨의 표시

　● 하나님께 찬양으로 마땅히 드려야 할 것이 무엇입니까?

　찬양을 통하여 하나님께 　감사와 기쁨　 을 드립니다.

III. 찬양할 시기

　1. 항상 찬양 (시편 35:28 ; 71:6 ; 119:164 ; 145:2)

　● 왜 항상 찬양해야 합니까?

　성도가 항상 하나님을 찬양해야 할 이유는 하나님 　구원과 사랑　 의 은혜 때문입니다.

2. 회중 예배 때 (시편 22:22 ; 26:12 ; 134:1,2 ; 149:1)

● 모일 때 왜 하나님을 찬양해야 합니까?

성도가 모일 때 찬양하는 것은 그곳에   하나님   께서 함께하시기 때문입니다.

3. 하나님의 능력과 은혜를 받을 때

   (출애굽기 15:1-21 ; 사무엘상 2:1-10 ; 누가복음 1:14-55 ; 68-79)

● 하나님의 은혜를 받을 때 왜 찬양을 해야 합니까?

하나님의 은혜를   찬양   으로 하나님께 감사와 영광을 돌립니다.

4. 고난 중에 있을 때 (사도행전 16:25)

● 고난 중에 왜 찬양이 필요합니까?

찬양은   원수의 공격   을 물리칩니다.

5. 사단의 공격을 물리칠 때

● 사단의 공격 앞에 왜 찬양을 해야 합니까?

찬양은   악한 영   의 세력을 물리칩니다.

IV. 찬양하는 방법

1. 온 마음으로 찬양 (고린도전서 14:15)

● 전심하는 찬양은 어떻게 합니까?

찬양할 때 우리의 모든   마음   을 다해야 합니다.

2. 영으로 찬양 (고린도전서 14:15)

● 영으로 하는 찬양이 무엇입니까?

영으로 찬양하는 것은   성령   으로 하는 것입니다.

3. 시로 찬양 (시편 95:2)

● 시로 찬양하는 것이 무엇입니까?

시로 찬양하는 것은 <u>말과 글</u> 로 하나님께 감사와 영광을 돌리는 것입니다.

4. 기쁨으로 찬양 (역대하 29:30)

● 왜 기쁨으로 찬양을 해야 합니까?

찬양하는 자의 마음은 <u>기쁨</u> 으로 찬양합니다.

5. 감사함으로 찬양

● 어떻게 감사함으로 찬양합니까?

찬양하는 자의 찬양의 동기가 하나님께 <u>감사</u> 하는 마음입니다.

6. 큰 소리로 찬양

● 어떤 상황에서 큰 소리로 찬양해야 합니까?

큰 소리로 찬양해야 할 때는 <u>영적전투</u> 의 찬양입니다.

7. 새 노래로 찬양 (시편 149:1; 이사야 42:10)

● 어떻게 새 노래로 찬양합니까?

새 노래는 <u>성령</u> 이 새롭게 주시는 찬양입니다.

8. 춤을 추며 찬양 (시편 30:11 ; 68:4 ; 150:4 ; 사무엘하 6:14)

● 어떻게 춤을 추면서 찬양합니까?

춤은 <u>기쁨</u> 을 표현하는 찬양입니다.

9. 손을 들고 찬양

● 손을 들고 찬양합니까?

손을 드는 것은 하나님을 향한 　마음　 의 표현입니다.

10. 입술로 찬양 (시편 63:3 ; 119:171)

● 입술로 찬양하는 의미가 무엇입니까?

입술로 찬양하는 것은 자신의 마음을 　목소리　 로 표현하는 것입니다.

11. 손뼉 치며 찬양 (이사야 55:12)

● 손뼉 치며 찬양하는 이유가 무엇입니까?

손뼉을 치는 것은 손바닥으로 마음의 　기쁨　 을 표현하는 것입니다.

12. 모든 악기로 찬양 (시편 33:2 ; 57:8 ; 149:3)

● 찬양에 어떤 악기를 사용할 수 있습니까?

찬양을 위해 사용할 수 있는 악기는 　모든　 기구들입니다.

13. 큰 소리로 외치는 찬양 (시편 66:1,2)

● 언제 큰 소리로 외치는 찬양을 합니까?

외치는 찬양은 　큰 기쁨　 의 때에 합니다.

V. 찬양의 능력

　1. 치유의 역사

　● 찬양을 통해 어떻게 역사가 일어납니까?

찬양할 때 　악한 세력　 이 떠나갑니다.

2. 하나님의 영광이 임함

● 찬양 속에서 하나님의 임재가 어떻게 나타납니까?

찬양은   하나님의 임재   를 초청하게 됩니다.

3. 영적 전투에서 승리함

● 찬양을 통해 어떻게 영적 전투에 승리합니까?

찬양은   영적전투   의 강한 무기입니다.

4. 기적이 일어남

● 찬양 가운데 하나님의 능력이 어떻게 나타납니까?

찬양은 하나님의   능력   을 가져옵니다.

5. 성령의 은사가 임함

● 찬양이 어떻게 성령의 영감을 줍니까?

찬양은   성령의 은사   를 활성화합니다.

6과 물질 생활

I. 재물의 개념

1. 모든 재물(財物)은 하나님께 속한 것입니다

● 재물에 대한 그리스도인의 관점이 어떠해야 합니까?

우리가 가진 모든 재물의 진정한 주인은   하나님   입니다.

2. 모든 재물은 하나님의 영광을 위해 사용해야 합니다

● 재물을 어떤 기준에서 사용해야 합니까?

자신의 재물을 사용하는 기준은   하나님   의 영광을 위하는 것입니다.

3. 재물에는 사람의 마음이 들어 있습니다.

● 왜 사람이 재물에 마음이 빼앗깁니까?

우리가 가진 재물에 우리의   마음   이 들어 있습니다.

4. 하나님과 재물을 동시에 섬길 수 없습니다

● 성도가 왜 물질 문제에 자유해야 합니까?

재물을 사랑하는 사람은   하나님   을 온전히 섬길 수 없습니다.

5. 재물은 하늘에 상급을 쌓는 수단입니다

● 이 땅의 재물을 영원히 소유할 수 있는 방법이 무엇입니까?

이 세상의 재물을 영원히 소유하는 방법은 그것을   하늘   에 쌓아두는 것입니다.

6. 돈을 사랑하는 것은 악의 뿌리가 됩니다

● 돈을 사랑하는 사람에게 어떤 위험이 있습니까?

돈을 사랑하는 사람은   악   의 미혹을 받게 됩니다.

Ⅱ. 하나님께 드리는 헌물들

1. 십일조

● 십일조는 어떻게 드려야 합니까?

하나님의 자녀가 된 사람의 가장 기본적인 물질생활은 <u>십일조</u> 입니다.

2. 감사 예물

● 하나님께 받은 은혜에 대한 감사를 어떻게 표현합니까?

하나님이 주신 은혜에 감사하는 것은 하나님께 그 <u>영광</u> 을 돌려드리는 것이 됩니다.

3. 예배를 위한 예물

● 예배때마다 해야하는 것이 무엇입니까?

하나님께 드리는 예배에 중요한 것은 <u>제물</u> 입니다.

4. 특별 예물

● 하나님의 특별한 사역에 물질을 드리고자 하는 소원을 어떻게 표현할 수 있습니까?

성도들은 하나님이 주신 특별한 소원을 따라 <u>특별헌금</u> 을 합니다.

Ⅲ. 하나님께 드리는 예물의 기준

1. 첫 것을 드립니다

● 하나님께 드리는 예물은 우리의 소득 중 어느 것을 드려야 합니까?

하나님께 드리는 예물은 모든 소득 중에 <u>첫 것</u> 을 드립니다.

2. 가장 좋은 것을 드립니다

● 하나님께 드릴 예물은 어떤 것을 드려야 합니까?

하나님께 드리는 것은 나에게 있는 가장 <u>좋은</u> 것으로 드립니다.

3. 흠 없는 것으로 드립니다

● 하나님께 드릴 예물의 기준이 어떠해야 합니까?

하나님께 드릴 예물은 ___흠없는___ 것으로 해야 합니다.

IV. 예물을 드리는 방법

1. 자원하는 마음으로 드립니다

● 예물을 드리는 마음이 어떠해야 합니까?

자원하는 예물은 ___감사와 기쁨___ 으로 드리는 것입니다.

2. 마음에 정한 대로 드립니다

● 하나님께 드리는 예물의 정도를 어떻게 정합니까?

예물은 하나님이 주신 마음의 ___소원___ 에 따라 드립니다.

3. 힘에 지나도록 드립니다

● 하나님께 드리는 예물은 어느 정도의 기준으로 해야 합니까?

하나님께 드리는 예물은 자기 힘에 ___지나도록___ 합니다.

4. 미리 준비하여 드립니다

● 하나님께 드리는 예물을 어떻게 준비해야 합니까?

하나님께 드리는 예물은 미리 ___준비___ 하여 드립니다.

V. 헌물에 대한 하나님의 약속

1. 하나님의 영광이 됨

● 하나님께서 예물을 어떻게 받으십니까?

하나님께 드려지는 헌물은 하나님을 <u>기쁘시게</u> 합니다.

2. 심는 대로 거두게 하심

● 우리가 하나님께 드리는 헌금에는 어떤 영적 원리가 있습니까?

헌금은 하나님 앞에 자신의 물질을 <u>심는</u> 것입니다.

3. 복을 주심

● 하나님께서 예물 드리는 자를 어떻게 합니까?

하나님은 예물을 드리는 자에게 넘치는 <u>복</u> 을 주십니다.

7과 성도의 삶

I. 하나님의 일꾼(사역자)과의 관계

1. 사역자

1) 하나님이 세우신 일꾼입니다 (로마서 1:1)

● 사역자는 누가 세우는 직분입니까?

사역자는 <u>하나님</u> 이 세우시는 하나님의 일꾼입니다.

2) 하나님의 말씀을 대언하는 직분입니다 (예레미야 1:7,9 ; 아모스 3:7 ; 고린도전서 4:1)

● 사역자의 직분이 무엇입니까?

사역자는 하나님의 <u>말씀</u> 을 전하는 직분을 맡았습니다.

3) 하나님의 복의 통로가 됩니다(마태복음 10:40-42)

● 사역자가 어떻게 성도들의 복의 통로가 됩니까?

하나님에 대한 마음은 <u>사역자</u> 에 대한 태도에서 나타납니다.

4) 맡기신 영혼을 돌보는 직분입니다 (요한복음 21:15 ; 갈라디아서 4:19)

● 사역자와 성도는 어떤 관계에 있습니까?

사역자는 성도들의 <u>영혼</u> 을 책임지는 직분입니다.

2. 사역자에 대한 자세

1) 하나님의 종을 존중히 여겨야 합니다(데살로니가전서 5:12,13)

● 말씀을 전하는 사역자에 대해 어떤 자세로 대해야 합니까?

성도는 하나님의 일꾼을 <u>존경</u> 해야 합니다.

2) 순종과 신뢰의 자세로 대해야 합니다.

● 자기 신앙을 인도하는 사역자에게 순종해야 하는 이유가 무엇입니까?

성도는 사역자의 사역에 <u>즐거움</u> 이 될 때 그 신앙이 유익합니다.

3) 주의 종을 위해 기도해야 합니다(사도행전 4:29-31 ; 12:5).

● 사역자에 대해 성도가 힘써야 할 영적 책임이 무엇입니까?

성도는 사역자를 위해 <u>중보기도</u> 를 해야 합니다.

4) 인간적인 관계를 피하고, 신앙적인 관계성을 가져야 합니다(갈라디아서 6:7,8).

● 사역자와 성도와의 관계가 어떠해야 합니까?

성도는 사역자와 <u>영적인</u> 관계를 가져야 합니다.

5) 모든 좋은 것으로 함께합니다 (로마서 15:27)

● 가르침 받는 일꾼에 대한 자세가 어떠해야 합니까?

자기를 말씀으로 가르치는 자와   좋은 것   을 함께합니다.

6) 비방, 판단, 대적하지 않아야 합니다(민수기 12:8-10 ; 신명기 17:12)

● 사역자에 대해 주의해야 할 것이 무엇입니까?

자기에게 세워진 사역자를   대적   하지 말아야 합니다.

II. 다른 성도와의 관계

1. 그리스도 안에서 지체된 형제, 자매로 대합니다

● 그리스도 안에서의 가족관이 어떠합니까?

그리스도 안에서 영적인 가족은 주님을 믿는   성도들   입니다.

2. 다른 사람을 존중해야 합니다

● 다른 성도들을 어떻게 대해야 합니까?

성도는 다른 지체를   존경   으로 대합니다.

3. 다른 성도에게 배우고자 하는 자세로 대합니다

● 다른 성도들을 대하는 자세가 어떠해야 합니까?

다른 성도로부터   배우려는   자세를 가집니다.

4. 남을 섬기고자 하는 자세로 대합니다

● 섬김에 대한 하나님의 원리가 어떠합니까?

교회 안에서는   섬기는   자가 큰 사람입니다.

5. 남의 허물을 용서하는 마음을 가집니다

● 왜 남의 허물을 용서해야 합니까?

다른 사람의 허물을 <u>용서</u> 하는 것은 그 사람과 묶인 결박을 푸는 것입니다.

6. 다른 사람과 비교하지 않아야 합니다

● 남과 비교하는 것이 왜 옳지 않습니까?

하나님은 모든 인간에게 각각 다른 <u>은사</u> 를 주셨습니다.

7. 성도의 관계는 순수한 신앙적 관계라야 합니다

● 성도들과의 관계에서 왜 인간적인 사욕을 버려야 합니까?

성도의 사사로운 욕심은 관계에 <u>다툼</u> 을 가져옵니다.

8. 금전적인 관계를 삼가야 합니다

● 교회에서 왜 금전 거래를 금해야 합니까?

돈을 사랑하는 것은 <u>죄악</u> 의 뿌리가 됩니다.

III. 일상생활

1. 매일 말씀과 기도의 삶을 유지해야합니다.

● 성도의 하루 일과가 어떻게 시작되어야 합니까?

일상생활에 요구되는 두 가지 중요한 요소는 <u>말씀과 기도</u> 입니다.

2. 죄를 회개함으로 자신을 깨끗이 해야 합니다

● 성도가 항상 갖추어야 할 영적 자세가 무엇입니까?

날마다 우리를 죄에서 깨끗하게 하는 것은 <u>회개</u> 입니다.

3. 영적으로 충만한 사람과 교제합니다

● 영적인 교제가 왜 중요합니까?

경건한 신앙생활을 위해서는 영적으로 _경건한_ 사람과 교제하기를 힘써야 합니다.

4. 영적으로 어두운 것을 피합니다

● 성도가 피해야 할 것이 무엇입니까?

빛의 자녀인 그리스도인은 _어둠_ 을 피해야 합니다.

5. 영적인 모임에 적극적으로 참여해야 합니다

● 왜 모이기에 힘써야 합니까?

성도들이 모이는 곳에는 _성령_ 이 함께합니다.

6. 거룩한 삶을 추구해야 합니다

● 거룩한 삶을 어떻게 유지할 수 있습니까?

성도의 삶은 _말씀과 기도_ 로 거룩하게 됩니다.

7. 하나님 말씀에 순종해야 합니다

● 주님이 인정하는 신앙을 하는 사람은 어떤 사람입니까?

하나님이 인정하는 사람은 말씀을 듣고, 그 뜻대로 _순종_ 하는 사람입니다.

8. 부정적이고, 비판적인 것을 버리고, 긍정적이고, 적극적인 자세를 가져야 합니다

● 왜 부정적인 자세를 버려야 합니까?

하나님께서 성도에게 주어지는 모든 일이 합력하여 _선_ 을 이루게 해주십니다.

9. 훈련받는 자세를 가져야 합니다

● 왜 신앙을 훈련받아야 합니까?

우리의 신앙은 _훈련_ 을 통해서 성장합니다.